¡NI UN CAPULLO MÁS!

¡NI UN CAPULLO MÁS!

EL MÉTODO DEFINITIVO PARA QUERERTE Y ENCONTRAR A TU PAREJA PERFECTA

LARA FERREIRO

Grijalbo

Papel certificado por el Forest Stewardship Council®

Primera edición: febrero de 2025

Travessera de Gràcia, 47-49. 08021 Barcelona

Printed in Spain — Impreso en España

ISBN: 978-84-253-6808-0
Depósito legal: B-21.242-2024

Compuesto en Promograff - Promo 2016 Distribucions

Impreso en Gómez Aparicio, S. L.
Casarrubuelos (Madrid)

GR 6 8 0 8 0

PARA TI…

Mi querida lectora, este libro está escrito desde
lo más profundo de mi corazón por ti y para ti.
Mi guerrera incansable, es como si ya te conociera…
Agradezco infinitamente tu confianza en mí.
Eres dueña de tu historia y no estás sola,
me tienes para lo que necesites.
Hónrate, respétate y cuídate.
Enamórate de ti, de la vida y, luego,
de quien tú quieras.
Te deseo lo mejor.
No te rindas JAMÁS

ÍNDICE

ANTES DE EMPEZAR, EL TEST CAZATALENTOS
¿Sabes elegir a tu pareja?

Nadie nos ha enseñado a seleccionar un buen perfil para que se convierta en nuestra pareja. Es algo que dejamos al azar y… ¡así nos va!

Señala con una × las frases con las que te sientas identificada:

- ☐ Acepto migajas de un hombre con tal de que no se vaya de mi lado.
- ☐ Dejo entrar en mi vida al primer capullo que me hace caso y acabo enganchada a él.
- ☐ No consigo tener la relación de pareja que quiero. La mayoría de las veces acabo sola, frustrada, dolida y triste por culpa de mis relaciones amorosas.
- ☐ No me veo guapa. Cada vez que me miro al espejo, me critico. ¡Siempre me encuentro algún defecto!
- ☐ No hago un buen casting del amor a los hombres. No tengo buen ojo para elegir al que me conviene.
- ☐ No sé ligar. Me gustaría ser más seductora con los hombres que me atraen.
- ☐ He tenido citas desastrosas porque no había filtrado bien a los posibles candidatos. ¡Me dan sapo por príncipe!

- ☐ Me salto mis propias banderas rojas o límites. Cuando un hombre me gusta, consiento actitudes que me prometí que no aguantaría jamás.
- ☐ No tengo suficiente autoestima.
- ☐ He permitido comportamientos tóxicos a mis ligues y parejas del pasado.

Si has marcado alguno de estos diez enunciados, este libro es para ti. ¡SIGUE LEYENDO!

En este manual trabajaremos muchos temas, también tu autoestima; te enseñaré a hacer un buen casting del amor y a rechazar ligues que son una pérdida de tiempo; sabrás identificar tu perfil amoroso, lo que te ayudará a ver tus puntos débiles y fuertes, e incluso aprenderás a tener citas y a ligar.

Bienvenida de nuevo, guerrera, ¡te he echado muchísimo de menos!

INTRODUCCIÓN

Mi queridísima lectora, por fin juntas otra vez. No te puedes imaginar la ilusión que me hace estar de nuevo mano a mano, tú y yo. ¡Estoy emocionada!

Mi objetivo es ayudar a los demás, y la herramienta que he encontrado es la psicología, en concreto, escribir para ti. Cada libro es un viaje hacia el amor propio, el autorrespeto y la dignidad de mis lectoras, pero también yo me sumerjo en las profundidades de mi corazón y mis vivencias, que compartiré contigo. Y eso tiene el poder de transformar.

Han pasado ya dos años desde que escribí *Adicta a un gilipollas*, y no tengo palabras para dar las gracias a los miles de lectoras que lo han leído en todo el mundo. No solo ha sido un superventas en español, sino que se ha traducido al polaco, al griego, al ruso… ¡Ha sido una revolución internacional antigilipollas! Jamás me lo hubiera imaginado, ni en mis mejores sueños.

Estaré siempre agradecida a todas las personas que me han confiado su proceso de transformación personal. Es abrumador haber podido ayudar a tanta gente con mi primer libro. Me emociona saber que muchas habéis superado la adicción emocional a una relación tóxica, así que vuelvo con las pilas cargadas.

Como psicóloga experta en relaciones de pareja y sexualidad, te garantizo que este manual te ayudará muchísimo. Colaboro como profesional en diversas aplicaciones de citas, lo que me convierte en un referente nacional, y he liderado varios estudios empíricos que divulgo en distintos programas de la televisión. Fruto de esta experiencia, en este libro te ofreceré las mejores herramientas y ejercicios, así como historias inspiradoras, que te ayudarán en tu proceso de superación personal.

Lo he llamado *¡Ni un capullo más!* porque… ¡basta ya! Se acabó lo de aguantar a personas que no nos merecemos. **¿Quién no está harta de capullos? ¡Que levante la mano!** He creado el método definitivo para que puedas alcanzar el objetivo de este libro: encontrar a tu pareja perfecta.

Este es un manual que nos tendrían que dar a todos en el colegio… He escrito este libro para:

1. Mujeres que quieren cortar la relación con ligues que solo les dan sexo porque, en realidad, buscan algo más.
2. Mujeres que desean quererse y amarse.
3. Mujeres que quieren aprender a marcar límites y trabajar su autorrespeto.
4. Mujeres que desean sentirse seductoras y atractivas.
5. Mujeres que sufren sistemáticamente en el amor y quieren dejar de hacerlo.
6. Mujeres que no saben seleccionar al hombre correcto y desean encontrar un candidato compatible con ellas.
7. Mujeres que repiten patrones tóxicos en sus relaciones y están hartas de tropezar siempre con la misma piedra.
8. Mujeres que quieren aprender a ligar en aplicaciones de citas o en vivo y en directo.

9. Mujeres que desean averiguar en qué fijarse para seleccionar a una pareja compatible.
10. Mujeres que quieren aceptar su cuerpo y hablarse bien cada vez que se miran al espejo.
11. Mujeres que buscan una relación de pareja estable.
12. Mujeres solteras que no quieren seguir sin pareja.
13. Mujeres con novio o marido que desean mejorar para conocerse más.
14. Mujeres con pareja que se plantean si quieren continuar en esa relación y si es la persona correcta.
15. Personas que desean profundizar en el amor propio y aprender a ligar.
16. Personas que quieren conocer y ampliar sus conocimientos sobre el mundo de las citas, el ligoteo y lo último en métodos para encontrar a la pareja perfecta.

¡Para ti! ¡Tienes la lectura ideal en las manos!

EL MÉTODO DE LOS CINCO ANILLOS

Llevo más de catorce años en terapia viendo a mujeres que me han contado cuál es —o más bien no es— su proceso de selección de pareja. Fruto de ese análisis, he diseñado un procedimiento definitivo en cinco fases que he llamado «El método de los cinco anillos».

El manual está estructurado en cinco capítulos o anillos. Léelos con atención porque cada uno está dedicado a una parte fundamental que deberás interiorizar:

1. El **primer anillo** te ayudará identificar a los hombres que no te dan lo que mereces: analiza tu situación y corta con los que te hacen perder el tiempo. *Sayonara, baby!*
2. En el **segundo anillo** trabajaremos tu autoestima: aprenderás a quererte y amarte por encima de todas las cosas. Para ello, nos centraremos en el pentágono de la autoestima.
3. En el **tercer anillo** te enseñaré a hacer un buen casting del amor. El proceso de selección de potenciales candidatos a ser tu pareja ideal es una de las llaves maestras para evitar el dolor y dejar de sufrir en el amor.
4. En el **cuarto anillo** nos iremos de citas. ¡Hay que saber manejar el *dating*, desempolva tus mejores galas! Es una parte muy entretenida: tendrás que salir de casa para poner en práctica todo lo aprendido en los anillos anteriores.
5. El **quinto anillo** es la isla del amor. Será el final del viaje: habrás encontrado a tu pareja perfecta. Por último, te daré mi receta secreta del amor para parejas felices; así no te hundirás, como el Titanic. Y quién sabe si este último anillo acabará en boda, con uno real en tu dedo. ¡Nunca se sabe!

Todos los capítulos son valiosísimos. En este libro he resumido todo lo que he ido aprendiendo con mis pacientes durante años. He revisado lo último de lo último sobre el mundo del ligoteo, aplicaciones de citas, etc., y, para una mayor comprensión, lo he escrito siguiendo un sistema de aprendizaje escalonado y gradual. Si te atascas en un anillo, trabájalo más. No importa el tiempo que tardes en completarlo, la idea es que no pases al siguiente hasta que no hayas resuelto el anterior. Sin prisa, pero sin pausa.

Otra opción es que leas el manual del tirón, aunque te sugiero que vayas paso a paso. Has de sentir que has trabajado bien cada capítulo. Si lo haces, conseguirás resultados alucinantes. ¡Confía en mí!

Para una mejor comprensión, en la siguiente imagen resumo el método que trabajaremos durante esta maravillosa aventura juntas:

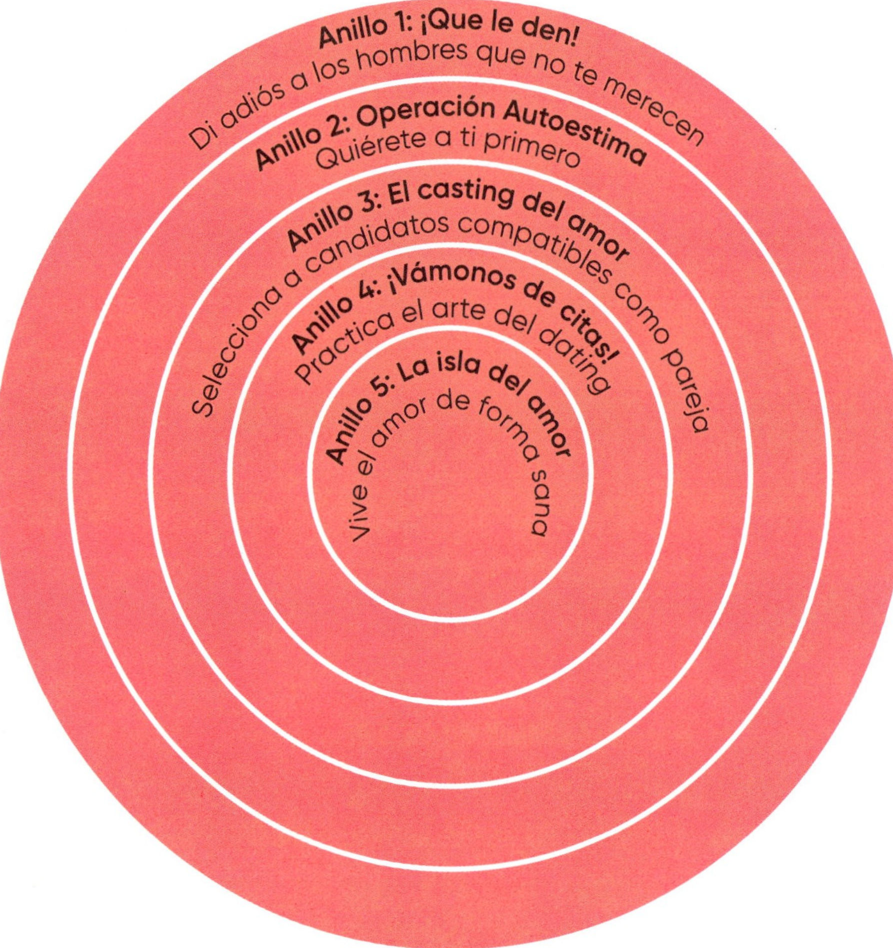

CÓMO LEER ESTE LIBRO

En cada capítulo puede aparecer una o varias de estas secciones. Todas siguen la metodología que utilicé en el libro anterior, así que, las que lo hayáis leído, ya estaréis familiarizadas con ellas. Te explico con detalle en qué consiste cada una:

CONFESIONARIO
LA HISTORIA DE...

He recogido historias muy interesantes para aprender de ellas. Ver un ejemplo en la vida de otra persona te ayudará a interiorizar la teoría de forma más pedagógica y práctica, y te darás cuenta de que no estás sola. Muchas mujeres están pasando o han vivido algo parecido a lo que te ocurre a ti. Para mí, cada confesionario es una joya valiosísima de la que se puede aprender.

LA DAMA DE HIERRO DICE...

Quizá ya sepas que algunas de mis pacientes me llaman Dama de Hierro porque soy muy clara con los límites que impongo a los demás y con lo que se debe permitir o no, de ahí el nombre. En este apartado reforzaré las ideas innegociables, así que verás mi lado más radical. Hay cosas que jamás deberían negociarse. ¡Vuelvo más cañera que nunca!

IDEAS CLAVE

Este símbolo señala las ideas clave que quiero remarcar para que las interiorices y las apliques. Son conceptos, reflexiones o marcos teóricos sintetizados que deberás comprender y asimilar.

TAREA EN ACCIÓN

En esta sección encontrarás la parte práctica del libro. Los ejercicios de escritura terapéutica que te propongo te ayudarán a reflexionar sobre aspectos tuyos o de tu vida que quizá nunca te habías parado a analizar. Estas herramientas de expresión pretenden que liberes tus emociones y pensamientos para convertirlos en acción. Algunas de las tareas no son escritas, sino que te invitan a hacer algo. Ve a tu ritmo. ¡Guerrera, tú marcas los tiempos!

¡UNA ÚLTIMA SUGERENCIA! Cómprate un cuaderno y un boli. A lo largo del libro te propondré distintas tareas. Elige un bonito cuaderno para resolver los ejercicios, tomar anotaciones y apuntar cómo te sientes cada día, como si fuese un diario. Si quieres, anota en la primera página una frase motivadora que te ayude a conectar con el propósito de lo que estás haciendo. Léela cada vez que abras el cuaderno.

La responsabilidad de lo que le quieras sacar a esto es tuya. Tú decides la implicación y el esfuerzo que le dedicarás.

Puedes hacerlo sola, con una amiga o con más personas que, como tú, no estén dispuestas a aguantar a ni un capullo más, quieran mejorar su autoestima y encontrar una pareja compatible. Sería un poco el estilo de la terapia grupal. Con mi libro anterior, por ejemplo, algunas formaron grupos online, se reunían virtualmente cada semana y trabajaban un capítulo.

Te recomiendo que anotes tus objetivos en el cuaderno. Por ejemplo:

Objetivo 1. Dejar a mi ligue tóxico: me marea y solo quiere sexo.
Objetivo 2. Quererme más y mejor.
Objetivo 3. Encontrar a una pareja sana.

Anota tantos objetivos como consideres oportuno. Puedes mandarme los ejercicios por mis redes. Además, en internet encontrarás grupos de apoyo de nuestra comunidad. Búscame para preguntarme por ellos:

psicologa_laraferreiro

psicologa_laraferreiro

PsicólogaLaraFerreiro

¡SÉ QUE PUEDES!

A veces la vida aprieta, pero escúchame: puedes con todo lo que te propongas. Si otras personas han podido, ¡tú también! Nunca es tarde para aprender a honrarte y amarte. La autoestima es la gasolina del alma, la que alimenta cómo te ves cuando te miras al espejo. Las personas adecuadas harán que te des cuenta de que puedes conseguir lo que te propongas y las inadecuadas, al contrario, te harán sentir mal contigo misma. ¡No permitas que nadie apague tu luz! Nunca dejes que nadie te diga que no puedes ser tú. Jamás pidas perdón por ser quién eres, pisa con fuerza en este complejo mundo azul.

En la vida y el amor, siempre puedes volver a empezar. Siempre hay un punto y aparte, un nuevo comienzo, una nueva etapa en la que puedes poner en práctica todo lo que ya has vivido. La vida es una montaña rusa con subidas y bajadas, pero es apasionante, te lo aseguro. Merece la pena. Aunque ahora estés cansada, el éxito te haya abandonado, el error te haya herido y no te sientas con fuerzas, ¡sigue avanzando! Vuelve a empezar.

Hoy es el día perfecto para que inicies la vida de tus sueños. Levántate con la cabeza bien alta. Cada día te ofrece veinticuatro horas, y esas son las mayores joyas que te da la vida para sonreír al mundo, aunque no te apetezca. Tu actitud determina tu dirección. Cada día es una nueva página en tu historia. Escribe una buena autobiografía, la mejor posible en ese momento. No cuentes los días, haz que los días cuenten para ti. Cada mañana naces de nuevo: invierte tus horas con personas que te nutran y actividades que te aporten valor y salud.

La vida es un reto maravilloso y complejo. Vívela, siente, ama intensamente, ríe como si fuera un último chiste, llora como si hubieras visto *Titanic*, juega, gana, pierde, tropieza, pero siempre ¡levántate y sigue! Y escoge a personas que merezcan la pena como acompañantes de camino.

¡SÉ QUE PUEDES! ¡Lo conseguirás! Solo quería recordártelo antes de empezar.

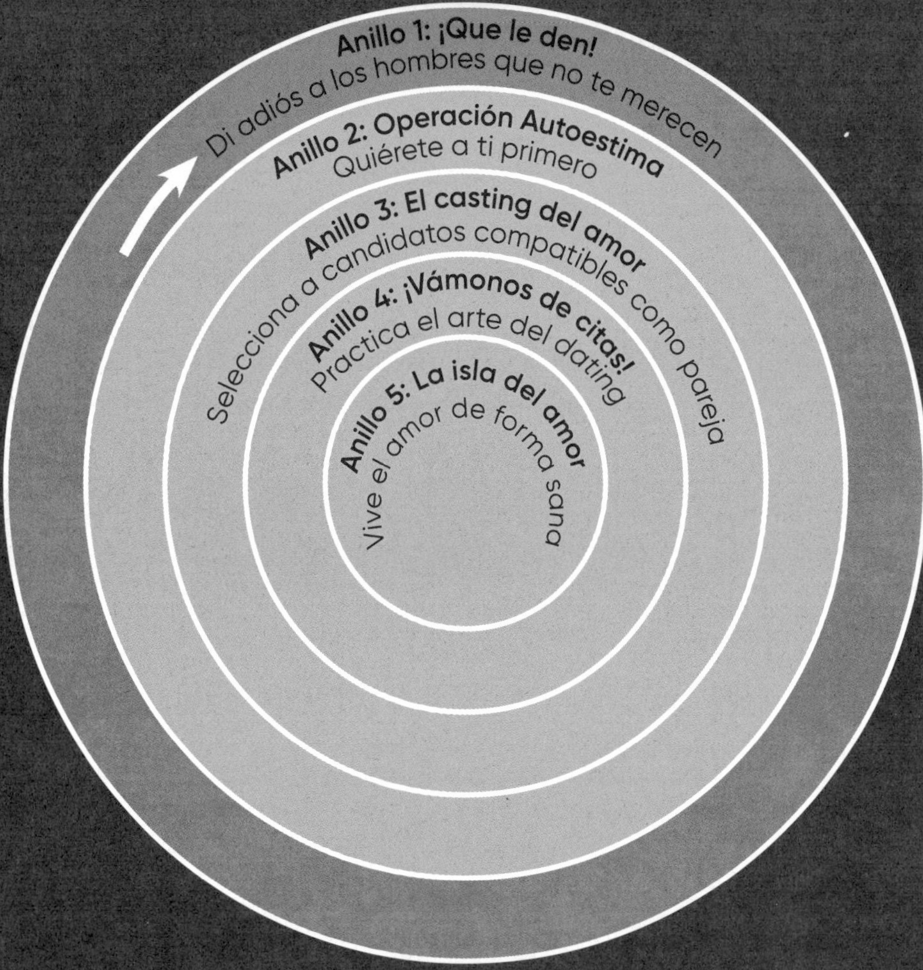

Anillo 1: ¡Que le den!
Di adiós a los hombres que no te merecen

Anillo 2: Operación Autoestima
Quiérete a ti primero

Anillo 3: El casting del amor
Selecciona a candidatos compatibles como pareja

Anillo 4: ¡Vámonos de citas!
Practica el arte del dating

Anillo 5: La isla del amor
Vive el amor de forma sana

1

¡QUE LE DEN!

Di adiós a los hombres que no te merecen

Mi querida guerrera, este primer anillo viene fuertecito. Si me conoces, seguro que ya te lo esperabas. ¡Agárrate, que vienen curvas! El objetivo de este capítulo es que, si el hombre con el que te relacionas a nivel romántico o sexual no te está dando lo que te mereces, lo dejes. Estás perdiendo el tiempo.

Si hay más de uno merodeando alrededor de ti, también diles: «Hasta nunca». En ese caso, haz limpieza en tu «chorbiagenda».

Ahora bien, si estás sola (sin capullos a tu alrededor), lee el capítulo con mucha atención, porque alguien de tu pasado podría volver a marearte la perdiz o quizá te encuentres capullos en el futuro. Las estadísticas son abrumadoras: más del 70 por ciento de las mujeres han tenido, tienen o tendrán relaciones amorosas tóxicas, al menos una vez en su vida… ¡Nadie se salva! Y debes estar preparada. Disfruta de este libro, degústalo. Reserva un momento tranquilo para trabajarlo, respirar hondo y hacerlo con mimo, por el placer de empezar a amarte. ¡Ahora mandas tú!

El poder radica en tu capacidad de elegir. Los demás te tratarán como tú les dejes: tienes el poder de controlar tu vida y decidir a quién meter en ella. Libérate de todos aquellos hombres que no te ofrecen lo que necesitas. Hazlo para avanzar en tu proceso de empoderamiento, para amarte y, así, poder amar a una persona que te merezca y te quiera de verdad. ¡No aceptes las migajas de nadie nunca MAIS (que decimos en Galicia)!

En este ranking recojo a los capullos más frecuentes y menos recomendables. Corta con ellos de raíz, tendrás que identificarlos y huir. ¡Pies, para qué os quiero! ¡Empezamos! Di *bye, bye* a estos capullos de los que tendrás que alejarte. ¡Ni uno más!

Por cada capullo encontrarás un «Que le den» con cinco apartados:

1. **Radiografía.** Cómo es, para detectarlo.
2. ***Modus operandi*.** Manual de juego de este perfil.
3. **Cómo escapar.** Herramientas para huir del capullo en cuestión.
4. **Confesionario.** Historia de una mujer involucrada con este capullo.
5. **La Dama de Hierro dice.** Te preguntaré algo sobre el caso del confesionario para ver si has interiorizado el aprendizaje.

¿Preparada para comenzar nuestra nueva aventura juntas? ¿He oído un enorme «SÍÍÍ»? ¡Sigue leyendo!

QUE LE DEN AL FANTASIOSO SEXUAL

Muchas mujeres me han dicho que están hartas de los fantasiosos sexuales o fantasmas. ¡Estos capullos son tremendos! Hay personas que se han vuelto adictas a los deportes de riesgo. Estamos en una sociedad en la que la gente necesita intensos estímulos constantes.

La rapidez e inmediatez de las redes sociales han propiciado y favorecido este tipo de perfiles.

Si crees que estás con un fantasioso sexual, lee atentamente el siguiente apartado.

RADIOGRAFÍA DEL FANTASIOSO SEXUAL
CÓMO DETECTARLO

1. Está obsesionado con el sexo, es un adicto. Todas sus conversaciones incluyen temas sexuales. Suele necesitar más sexo que el resto de las parejas o ligues con los que has estado.
2. Te ha propuesto hacer un trío o ir a un sitio de intercambio de parejas. Intenta convencerte, aunque no quieras.
3. No engaña: en cuanto lo ves, notas que está muy sexualizado. Cómo te mira, cómo te habla, cómo te toca, cómo juega contigo…, todo huele a sexo. Con él, no hay más de lo que ves, sexo a lo Sodoma y Gomorra. Su filme favorito es *Cincuenta sombras de Grey*. Tiene complejo de Grey y cree que está rodando esa película X. Pero en realidad no es un actor, y mucho menos porno.
4. Quiere grabar vuestros encuentros sexuales. Te dice que lo hará con tu móvil, para que disfrutes viéndolo cuando quieras, pero luego te convence de que se lo mandes. Afirma que grabar porno casero juntos es un juego. ¡Ni se te ocurra acceder!
5. Cada vez que te escribe, te hace *sexting* (te manda mensajes calientes): todo lo lleva al terreno sexual, te pregunta qué

llevas puesto. Le sueles seguir el rollo, aunque no te apetezca, por miedo a que te abandone.

6. Está obsesionado con que le digas que es tu mejor amante. No deja de preguntarte por todo lo que te hace en la cama, quiere saber si te gusta. En el fondo no es por darte placer, sino por engrosar su ego: es el «Dios del sexo».
7. Suele ser atractivo físicamente. Cuida mucho su apariencia, porque sabe que es un escaparate que vuelve locas a todas las mujeres, o eso cree él.
8. Quiere tener sexo en lugares públicos, como el parque, la playa, aseos, aviones, restaurantes o cualquier sitio que se le ocurra. No le gusta limitarse a la cama. Si estáis en casa, te lleva de excursión por las habitaciones y lo hacéis en la encimera, en la ducha, etc.
9. Suele tener conductas sexuales de riesgo, como no ponerse preservativo, y te anima a que no lo uséis. No tiene ningún tipo de consideración: podrías quedarte embarazada o podría contagiarte una enfermedad de transmisión sexual. ¡Niégate!
10. Tiene otras parejas sexuales, está casado o emparejado y te lo oculta o te enteras cuando ya estás enganchada. En realidad, solo quiere sexo contigo, pero te vende que sois una pareja abierta. ¡El que tiene las patas abiertas es él!

Si te has sentido identificada con uno de los enunciados anteriores, plantéate si quieres seguir con una persona así.

MANUAL DE JUEGO DEL FANTASIOSO SEXUAL
CÓMO JUEGA

Siempre lo hace de una forma muy seductora. Al principio, en la fase de conquista, es morboso, erótico-festivo con toques de galán (si ese día quiere trabajárselo). La primera etapa con él es apasionada y arriesgada. Segregarás la hormona del riesgo, la adrenalina, y creerás que estás en un parque de atracciones por lo que te generan el sexo y las aventuras con él. Nunca te habrás sentido tan deseada… Ni tú ni las demás mujeres, que ve como sus «conejitas», con las que también queda. ¿Creías que tenías exclusividad sexual? ¡JA!

Después de esa etapa efervescente, se le bajará —la ilusión, no seas malpensada— y ya no volverá a ser lo mismo. Se la reclamarás y le dirás que ya no te sientes tan deseada. Te está provocando una muerte lenta para dejar de quedar contigo, pues debe seguir alimentando a su club de fans. Aunque el fantasioso sexual no suele comprometerse con las mujeres, te engancharás al sexo tan fantástico que tenías con él y, como buena yonqui, querrás más y más. Recuerda: ¡todo lo que sube muy rápido baja a mayor velocidad!

Hay otro problema con este perfil: intentará manipularte para que hagas cosas que no quieres, pero accederás a sus peticiones por miedo a perderlo.

Ten cuidado, no te arriesgues. Tampoco te recomiendo que mantengas sexo sin preservativo ni que le envíes vídeos o fotos en los que se te reconozca. Hacerlo genera una huella digital que escapa a tu control; podría reenviarlos. Hay incluso fantasiosos sexuales que lo suben a sitios web a modo de «porno de la venganza» si no accedes a sus peticiones o los dejas. Si estás enganchada a uno de estos individuos, lee el siguiente apartado para huir lo antes posible.

CÓMO ESCAPAR DEL FANTASIOSO SEXUAL

Primero, identifica si lo que estás haciendo con él es consentido y te apetece. Si es que sí y sabes manejarlo, adelante. Pero no te engañes: nunca conseguirás una relación de pareja. En caso de que te hayas enganchado a tu fantasioso sexual, cuando veas que cada vez te da menos y que te está provocando una muerte lenta, dile *bye, bye*. Este capullo guarrete no te dará más que problemetes. ¡Prima, aquí todo rima!

Tendrás que cortar ese vínculo. Para empezar, aclara con él lo que cada uno espera del otro. Después, si tienes un proceso de duelo abierto con algún hombre de tu pasado, revísalo para no engancharte a perfiles que no te dan lo que necesitas. Siempre puedes bloquearlo en el móvil ¡Pero los capullos vuelven, no lo olvides! Te dejo con el culebrón de la siguiente guerrera.

CONFESIONARIO DE ¡QUE LE DEN!
LA HISTORIA DE VALERIA

El enredo que te voy a contar es surrealista, pero lo añado para que veas lo que se puede llegar a permitir. Valeria conoció a Alejandro en Venecia, en una fiesta de Carnaval. La historia parece de película, pero se convirtió en su peor pesadilla. Ambos tenían cuarenta y cinco años y mucho éxito en el trabajo. Eran atractivos, por lo que la química surgió al instante. Las máscaras y los disfraces propiciaban un ambiente muy sensual. Estuvieron toda la noche coqueteando, y al final se fueron a una sala privada del palacio en el que se celebraba la fiesta y tuvieron un sexo absolutamente apasionado.

Él vivía en Suiza; ella, en España. Su relación empezó de una forma muy sexual, con calientes encuentros de fin de semana.

Un día, paseando por Madrid, Alejandro le propuso tener sexo en un famoso parque de la capital. Ella le dijo que podían ir a su casa, que estaba a cinco minutos, pero él le dijo que no, le arrancó las bragas y la empotró contra un árbol. De repente, en medio de la efervescencia, llegó la policía y le puso una multa a cada uno. Valeria intentó olvidarse del incidente erótico-festivo del parque. Cada vez que ella quería tener sexo en la cama, él le decía que era muy aburrida. Intentó convencerla para mantener una relación abierta, pero ella se negó.

Para Valeria, los siguientes tres acontecimientos fueron la gota que colmó el vaso. El primer hecho se produjo cuando Alejandro la llevó a un sitio de intercambio de parejas en París, aunque ella se negaba, y acabaron practicando sexo con desconocidos. El segundo momento doloroso fue cuando él se acostó con su mejor amiga y ella se enteró por unos conocidos comunes. Esa traición fue muy dura. El tercer dardo a su corazón fue que él tuvo sexo con su expareja. Valeria acabó tan destrozada que me llamó a la clínica.

Por suerte, con lo que trabajamos en terapia, pudo salir de esa relación con un fantasioso sexual, por no añadir psicópata manipulador, entre otras lindezas. Ahora tiene a su lado a un hombre maravilloso que está encantado de mantener relaciones sexuales en la cama.

LA DAMA DE HIERRO DICE:
«¡TENGO UNA PREGUNTA EXTRA PARA TI!»

MI QUERIDA GUERRERA, ¿qué hubieras hecho en este caso?

a) Te compras montones de lencería y disfraces para satisfacer a Alejandro y te dejas grabar manteniendo relaciones sexuales en la playa.

b) Te apuntas al famoso Mile High Club, el club de la gente que ha tenido sexo en avión a más de una milla de altitud, 1609 metros. Dicen que los orgasmos en el aire son más intensos porque baja la presión atmosférica. «*Volare, oh, oh, cantare, oh, oh, oh, oh!*».

c) Te das cuenta de que es un fantasioso sexual con complejo de Grey. Cortas la relación con él, lo bloqueas y sigues adelante con tu vida, compartiéndola con un hombre que te quiera y disfrute de una sexualidad consentida.

Me imagino que has marcado la opción C. Si has elegido la B, ¡eso que te llevas! Vamos a conocer al rey de los capullos, o a uno de ellos… ¡Sigue leyendo!

QUE LE DEN AL INFIEL

El segundo «que le den» va para los infieles. La de llantos y lágrimas que he visto en terapia por culpa de este perfil… Sentir que tu pareja te engaña es desgarrador. Es muy duro darse cuenta de que la persona en la que habías depositado toda tu confianza es la misma que te destroza en mil pedazos.

La confianza es como un jarrón de la dinastía Ming, de esos que cuestan una pasta: cuando se rompe, es para siempre, nunca vuelve a quedar igual. Aunque puedes pegar muy bien los trocitos, de cerca siempre verás las grietas. Quizá en este momento sospeches que tu pareja te está siendo infiel.

Lee los siguientes enunciados y averigua si te sientes identificada con alguno de ellos.

RADIOGRAFÍA DEL INFIEL
CÓMO DETECTARLO

1. Lo notas raro. Ya no se muestra cariñoso contigo y apenas tenéis sexo. ¡Ojo! Con algunos infieles sucede lo contrario: están más tiernos y sexuales que nunca para compensar la culpa de la infidelidad.

2. Es un mentiroso compulsivo. Te dice que está en un sitio y no es así. Por ejemplo, te informa de que sale con amigos o va a una cena de trabajo, pero a ti no te cuadra.
3. ¡Se lleva el móvil incluso al baño! Nunca se separa de él. Si te acercas a su «tesoro», lo deja boca abajo, para que no veas con quién está hablando.
4. Ha cambiado de hábitos. De repente, cuida mucho más su imagen: entrena más en el gimnasio y al aire libre (pádel, etc.). Controla su dieta, se compra ropa nueva y usa mucha colonia.
5. Te inflige técnicas de abuso emocional, como la luz de gas o *gaslighting*. Te hace dudar de tu cordura, empiezas a creer que estás loca, que ves fantasmas, pero tu intuición no te engaña. Sabes que algo sucede.
6. Pasa muchas horas en la oficina y te dice que tiene más trabajo que nunca. Sale muy temprano de casa y llega muy tarde. Incluso va los fines de semana.
7. Tiene más viajes de lo normal y se pierde celebraciones familiares o de pareja importantes.
8. Suelen tontear con otras mujeres por las redes sociales. Sigue a chicas que no conoces y lo normaliza diciéndote que no pasa nada… Puede que esté en modo «pesca» de mujeres que le rían las gracias.
9. Genera gastos inexplicables y te hace regalos porque sí. Muchos infieles pagan en efectivo el hotel en el que se encuentran con su amante para no dejar rastro.
10. Tiene un repentino aumento de autoestima y seguridad en sí mismo. Te habla con chulería y, si le preguntas algo que no le gusta, se pone a la defensiva.

Si te has sentido identificada con alguno de estos diez síntomas, revisa tu relación de pareja. Quizá esté pasando algo... Averigua cuáles son los distintos tipos de infiel.

¡Sigue leyendo!

MANUAL DE JUEGO DEL INFIEL
CÓMO JUEGA

El infiel, ya sea hombre o mujer, juega de dos maneras: puntual o crónica. El primero lo hace una vez, lo confiesa muy arrepentido y no recae. El crónico reincide con casi todas o todas sus parejas. Hay mujeres que deciden perdonar a un infiel puntual, pero ten claro que el crónico no cambiará nunca.

En el Instituto Karolinska de Estocolmo se descubrió algo sorprendente: existe el gen de la infidelidad masculina, el DRD4. Hay hombres con el gen de Casanova que presentan altos niveles de dopamina, la hormona del placer, y eso hace que tengan mayor deseo sexual que el resto. Querrán buscar fuera de la pareja y ponerle unos cuernos que la pobre no entrará ni por la madrileña plaza de toros de Las Ventas. Lo curioso es que el hombre es el portador y transmisor de este gen a los hijos.

Otro trabajo de la Universidad de Binghamton concluye que existe una variante del gen DRD4 —el alelo 7R+— que provoca que sus portadores sean más dados a tener aventuras de una noche, y que la probabilidad de que engañen a su pareja será del doble. En las mujeres, se concluyó que también tienen un gen de la infidelidad, el AVPR1A. ¡Que vivan los cuernos! ¡Menudo despiporre!

Ahora bien, que alguien tenga el gen de la infidelidad no implica que vaya a ser infiel, sino que tiene más probabilidades de serlo. Por ejemplo, si una persona, por sus genes, es probable que padezca cáncer (sus padres lo tuvieron), pero se cuida muchísimo, quizá no lo desarrolle, a pesar de su predisposición genética.

CÓMO ESCAPAR DEL INFIEL

Si tu pareja te es infiel, tienes varias opciones. La primera es acabar con esa persona. Debes saber que la infidelidad casi nunca se perdona de verdad, solo se intenta vivir con ella. La segunda sería ir a terapia de pareja y trabajar juntos para solucionar vuestros problemas. La infidelidad no deja de ser un síntoma de que algo va mal en la pareja: él o tú os habéis desenamorado. Habría una tercera opción, aunque nunca he visto que funcione: abrir la relación, tener una relación más flexible. Antes de mentir y engañar a alguien, hay parejas que siguen juntas tras una infidelidad y convierten la relación en una de tipo abierto.

Solo en un porcentaje muy pequeño he visto que, después de una infidelidad, la pareja decide trabajar sus problemas y luego está mejor que antes. Siempre habría que analizar cómo ha sido la infidelidad, durante cuánto tiempo y con quién. Si tu pareja te ha sido infiel, piensa que es un gravísimo acto de falta de respeto, empatía y consideración. Podría haberte dicho lo que le pasaba o comentarte que algo no iba bien, pero eso no le da derecho a serte infiel. El problema de intentar perdonar una infidelidad es el autocastigo y la autodestrucción que te provocas. Vives en la paranoia constante de que vuelva a engañarte, como le pasó a Olivia. Te lo cuento en la siguiente historia.

CONFESIONARIO DE ¡QUE LE DEN!
LA HISTORIA DE OLIVIA

Olivia conoció a Jorge en un curso de poesía japonesa. Los dos tenían treinta años. Al instante notaron una química brutal: entre las olas, el sol y el mar del verano, se enamoraron. Olivia era tímida pero muy creativa; Jorge, extrovertido, dicharachero y pasional. Dos polos opuestos que se atraían como imanes.

Corrieron como un cohete y, en menos de tres meses, estaban viviendo juntos. A los tres años, Olivia empezó a notarlo muy distante. Ya casi no hacían planes y él solo salía con su grupo del gimnasio. Ella le preguntó si le pasaba algo y le dijo que no se preocupara, que tenía más trabajo del habitual. Un día Olivia se metió en el ordenador de Jorge y encontró lo que no quería ver: llevaba seis meses tirándose a una compañera del gimnasio. Le entró un ataque de pánico y acabó en el hospital. En urgencias, su mundo se derrumbó: sus sueños desaparecieron, ya que estaban intentando quedarse embarazados al tiempo que él se acostaba con su amante. Ella no entendía nada.

Olivia volvió a casa y esperó a que Jorge regresara. Lo confrontó y él lo negó todo, pero a la mañana siguiente confesó. Ella le dijo que la relación se había acabado, que ya no quería seguir, y él se fue de casa. Durante un tiempo le rogó que, por favor, lo perdonase, y le aseguró que iba a dejar a su compañera del gimnasio.

Olivia quería creerle, así que volvieron. Las primeras semanas todo fue muy bien, pero al poco volvió a las andadas. En ese momento, ella entró en un bucle de miedos, obsesionada con que siguiera con su amante.

Olivia me escribió angustiada, quería empezar terapia conmigo cuanto antes. Me dijo que Jorge la acusaba de ser celosa. Le expliqué que hay dos tipos de celos: racionales e irracionales. Los primeros son naturales, aparecen tras una infidelidad. Tu cabeza tiene miedo a que te vuelvan a poner los cuernos y los celos salen solos. En cambio, los irracionales son muy distintos, enfermizos, ya que surgen en una relación de pareja sana y, por inseguridades o traumas provocados por los cuernos que te pusieron tus ex, controlas a tu pareja.

Por suerte, gracias a la terapia, Olivia se dio cuenta de que quería a su lado a un hombre honesto. El miedo que le daba quedarse sola y no ser madre la estaba condicionando a seguir con Jorge. Sin embargo, consiguió bloquearlo en todas partes —redes sociales, WhatsApp y llamadas— y empezar su vida de nuevo.

Ahora tiene dos niñas preciosas y un marido estupendo. Un día apareció con ellas en mi clínica, para presentármelas. ¡Fue muy emocionante! Lloramos las dos. Me dijo que, sin mí, jamás hubiera salido de aquella relación tóxica y no hubiera tenido esas dos hijas maravillosas. Lo curioso es que, con el tiempo, se enteró de que Jorge había sido infiel a su compañera de trabajo/del gimnasio con otra chica.

LA DAMA DE HIERRO DICE:
«¡TENGO UNA PREGUNTA EXTRA PARA TI!»

MI QUERIDA GUERRERA, ¿qué hubieras hecho en este caso?

- **a)** Seguir con Jorge y tener hijos con él. Se merece otra oportunidad; los infieles crónicos son reinsertables.
- **b)** Hacerle a Jorge una prueba genética a ver si tiene el gen del infiel, el DRD4, y llevar los resultados al Instituto Karolinska de Estocolmo para que lo tomen como muestra digna de estudio.
- **c)** Darle una patadita a Jorgito y seguir adelante con tu vida. ¡Te mereces mucho más! Los infieles crónicos no cambian.

Estoy convencida de que has marcado la opción C. ¡Eres una crack! Sigue leyendo, que el próximo «que le den» no tiene desperdicio.

QUE LE DEN AL FOLLAMIGO

El tercer capullo es el famoso follamigo o como lo quieras llamar. Antiguamente, se le conocía como «amigo con derecho a roce», pero para mí ni es tu amigo ni tiene derecho… ¿A qué? ¡A nada! Te ha manipulado, ha conseguido lo que quería, te has conformado con las migajas y encima no le puedes exigir nada. ¡Vaya chollo! Ahora también se conoce como «amigovio», un término a caballo entre amigo y novio. Esta palabra no me parece precisa, creo que es una etiqueta engañosa: no es tu amigo, pero tampoco tu pareja. Vamos a analizarlo.

RADIOGRAFÍA DEL FOLLAMIGO
CÓMO DETECTARLO

Si andas perdiendo tu valioso tiempo con un follamigo, lee estos enunciados para ver si reconoces alguna de las características que describo a continuación:

1. Por lo general, quedáis en tu casa o en la suya, pero el viernes por la tarde no soléis ir a un museo.
2. No conoces a nadie o casi nadie de su entorno, ni él del tuyo.
3. Te llama horas antes de quedar para tener una cena-polvete: primero cena y luego sexo. El objetivo es siempre el sexo enmascarado con comida y alcohol.
4. A veces te llama de madrugada por si estás disponible para el sexo. Va borracho, caliente, y tira de su lista de conquistas. Son las «llamadas calientes». ¡Fuego, fuego! Si está ardiendo, que llame a los bomberos (pilla la ironía, a ver si se lo vas a decir…).
5. Sospechas que queda con varias chicas a la vez y que no hay exclusividad entre vosotros, pero tú no estás con nadie más. Esperas que se enamore de ti. ¡Ay, alma de cántaro, qué ingenua!
6. Si le preguntas qué sois o si se acuesta con otras, te da eva-

sivas y nunca afirma que sois novios. Te dice, por ejemplo: «Vamos a fluir, ya vamos viendo, poco a poco», «No somos nada, solo nos divertimos», «Ahora mismo no sé lo que quiero», «No estropeemos lo nuestro» o «Tenemos una amistad especial». ¡Me pongo de una mala leche con la palabra «fluir» en este contexto!

7. Solo te envía mensajes cuando se aburre o quiere quedar contigo. Siempre habláis por WhatsApp, nunca os llamáis.
8. Después del sexo, sale corriendo —por ejemplo, a las tres de la madrugada te dice que tiene que ir a sacar al perro, y ni siquiera tiene mascotas— o huye a la mañana siguiente con una excusa barata.
9. No suele escribirte después del momento cama, ni te pregunta cómo estás al día siguiente.
10. Emite señales confusas y te hace refuerzo intermitente: un día es cariñoso y al otro no quiere ser tu pareja. A veces te escribe y en ocasiones ni te contesta.

Si te has sentido identificada con alguna de estas diez afirmaciones, podrías estar en una relación abusiva sin saberlo. Sigue averiguando cómo se las gastan.

MANUAL DE JUEGO DEL FOLLAMIGO
CÓMO JUEGA

La «follamistad» es un concepto engañoso y abusivo, en muchos casos insostenible a largo plazo. Cuando conoces a alguien y te enamoras al instante, es por la química cerebral, ya que segregas feniletilamina, la hormona del flechazo. Esto puede darse o no. Si a tu ligue o follamigo no le pasa contigo, no te lo tomes como algo personal. No te falta nada, simplemente en él no ha surgido la chispa… No puedes controlar la química del enamoramiento.

Lo importante no es cuánto te gusta esa persona, sino cuánto te da. Por muchísimo que te encante, si solo te ofrece una follamistad, déjalo ir. ¡No es tu lugar! No te conviertas en una opción más para él si él no lo es para ti. Hay un desequilibrio, tienes que irte.

Puede que te esté mareando más de lo que crees e incluso que estés viviendo una *situationship*. Mi querida lectora, ¿quieres saber qué es ese palabro? ¡No te pierdas el siguiente recuadro y estarás a la última de lo último!

La tendencia tóxica en las relaciones del siglo XXI: *situationship*

Últimamente ha aparecido una palabra que está muy de moda: *situationship*. Proviene del inglés, y en ella se fusionan los términos *situation* y *relationship*, traducidos al español como «situación» y «relación». Es decir, ni es tu novio, ni tu amigo, ni tu follamigo, sino una mezcla de todo eso sin ser nada de las tres. ¡Menudo jaleo! Estás tremendamente confundida, ni siquiera sabes definir lo que hay entre vosotros.

Hace años, en Facebook, la gente ponía en su situación sentimental «Una relación complicada»… Pues ahora se le llama *situationship*. En 2023, el diccionario de Oxford la votó como una de las palabras del año. En esencia, en una relación de este tipo, no hay compromiso. Cada uno puede tener sexo con quien quiera (a veces hay exclusividad sexual, pero no es frecuente). Vais al cine juntos y os llamáis casi todos los días, pero no sois pareja.

Estas relaciones no funcionan, te lo garantizo. Tanto la follamistad como la *situationship* tienen fecha de caducidad. Las mujeres se suelen pillar de sus ligues sexuales y verlos como pareja; aceptan sexo con la esperanza de que, con el tiempo, se enamoren de ellas. Tras el sexo, la mujer segrega la famosa oxitocina, la hormona del amor, y acaba enganchada a su amante. En cambio, él segrega dopamina, la hormona del placer, y termina el polvete. Después del sexo con tu follamigo, él acaba relajado y tú, pillada. De ahí la famosa frase «el roce hace el cariño». Nosotras nos enganchamos a ese capullín y ellos se quedan como si acabasen de salir de un spa. ¡Toma ya, Pedrín!

Algunas mujeres me han dicho que les gusta más el momento poscoito que el acto sexual en sí. Les encanta que las abracen a lo cucharita, y ellos fingen interés (a veces). Al final, este momento solo genera la falsa sensación de sentirse querida.

CÓMO ESCAPAR DEL FOLLAMIGO

Sé honesta: ¿en realidad qué buscas, amor o sexo? Si tienes hambre de afecto, averigua qué quieres y qué permites a los hombres. Al final, si escondes intereses ocultos —como ser su pareja— y tenéis diferentes expectativas respecto a la relación, romperéis. Con el tiempo, por muy buena amazona que seas (me lo han llegado a decir), no se enganchará. Cuando conozca a otra con la que se comprometa, ¿cómo te quedarás? Esperar a que se enamore de ti me parece que te deja en una muy mala situación, como si él fuera el premio y tú estuvieses más abajo y lo tuvieras que atrapar.

Contesta SÍ o NO a las siguientes cinco preguntas desde el fondo de tu corazón:

1. ¿Buscas una relación de pareja y que te quieran de verdad?
2. ¿Te duele que tu follamigo no te llame cada día o no saber nada de él después del sexo?
3. ¿Te gustaría que tu ligue sexual fuese tu novio?
4. ¿Crees que tienes baja autoestima y por eso permites la follamistad? Es decir, para ti, ¿es mejor eso que nada?
5. ¿Te pones celosa si él está con otra?

Si has respondido SÍ a alguna de estas preguntas, te recomiendo que seas honesta contigo y mandes a paseo a tu follamigo. ¡Que le den, ni un capullo más! Si has marcado cinco NO, disfruta del sexo con él. Parece que lo tienes claro. Pero si tu intención real es tener pareja, NO TE CONFORMES con follamigos.

Además, hay otro problemón con estos ligues: en tu cabeza y en tu cama, ocupan el lugar que le correspondería a tu pareja. Los follamigos te roban la energía. El tiempo que le dedicas a tu ligue sexual podrías invertirlo en una cita con alguien que quisiera una relación de verdad. Es casi imposible que conozcas a alguien que valga la pena si crees que te mereces tan poco amor.

Tu parcela del amor está invadida por un okupa emocional, un parásito al que tienes que echar. Sé que te sientes sola y que estás hasta el moño de hombres que solo te dan migajas afectivas, pero no todo vale para aliviar la soledad. Te está dando una pequeña porción de su tarta, pero ¡te mereces todo el pastel! Es una falsa sensación de acompañamiento. Con el tiempo, te sentirás vacía, sola y sin rumbo en el amor.

Tener un ligue sexual para cubrir tu soledad un tiempo, hasta que conozcas a un hombre que quiera ser tu pareja, es un error gravísimo.

Sola puedes ser muy feliz, no es necesario que te prostituyas a nivel emocional para tener a alguien que te abrace a ratitos (a veces, malamente) después del sexo. Al final, los follamigos son parches, tiritas para cubrir carencias personales. Ten mucha fuerza, coraje y disciplina para ser consecuente con lo que quieres y esperas de un hombre.

Hay mujeres que se tiran años con un parásito así. Date la oportunidad de estar contigo misma, quererte y valorarte. Echa de tu vida y bloquea al que te marea, y deja entrar a un hombre que te de su cien por cien. Si estás atrapada en una situación incómoda con tu ligue sexual, lee la historia de Laura para ver cómo se las gastan.

CONFESIONARIO DE ¡QUE LE DEN!
LA HISTORIA DE LAURA

Laura, de treinta y seis años, conoció a Juan, de cuarenta y cinco, en una aplicación de citas. El flechazo fue inmediato. Al cabo de unas semanas, cuando Laura le preguntó qué quería con ella, él le dejó muy claro que solo sería sexo. Ella aceptó, aunque buscaba algo más serio. En el fondo, pensaba que, con el tiempo, la paciencia suficiente y las mejores artes amatorias, él se acabaría pillando de ella.

Siempre quedaban en casa de él: Juan le decía que ir al piso de ella era de novios y que, además, estaba muy lejos. En fin, pasaron los meses y Laura se fue enganchando más y más. Para ella, él le daba el mejor sexo que había tenido en su vida, era su gran amor, pero, para él, Laura solo era una más. Un día ella vio que, en la caja de condones de casa de Juan, había menos de los que había contado la última vez. Ya no aguantaba más la situación, así que le montó un pollo que se oyó por todo el vecindario. Todo saltó por los aires. Juan le dijo que no eran novios y ella repuso que se sentía confundida porque le escribía casi a diario y era muy cariñoso. Laura acabó dañadísima, había invertido un año en esa relación. Quería ser madre, y la presión de su reloj biológico la ahogaba.

Me escribió por WhatsApp al teléfono de la clínica para empezar terapia psicológica conmigo. A día de hoy, tiene una pareja maravillosa que le da el cien por cien de él, y me dice que no sabe cómo permitió aquello durante un año.

LA DAMA DE HIERRO DICE:
«¡TENGO UNA PREGUNTA EXTRA PARA TI!»

MI QUERIDA GUERRERA, ¿qué hubieras hecho en este caso?

a) Antes de quedar con Juan, le preguntas por la aplicación qué es lo que busca. Si te dice «fluir», le sueltas que no eres un río y, si eso es lo que quiere, que se tire por el Amazonas.

Pasas de él y te centras en un hombre que busque lo mismo que tú: una relación de pareja.

b) Corres a la tienda de lencería del barrio, compras de todo y te lo pones por capas, como si fueras un árbol de Navidad. En cuanto llegue, le montas una escena a lo *Instinto básico*. ¡Fijo que acabará enganchado!

c) Le propones salir juntos. Él es un príncipe azul, y tú tienes complejo de Cenicienta... ¡Cuanto daño han hecho las pelis de Disney al cerebro femenino!

Espero que hayas marcado la opción A. La alternativa de «fluir» ME PONE NERVIOSITA. ¡No somos un río! Veamos al siguiente capullo.

QUE LE DEN AL NARCISISTA PERVERSO ABUSADOR

Este perfil es muy peligroso. ¡Que le den al instante! Luego te costará muchísimo salir de esa relación. Se le conoce con diferentes nombres —psicópata narcisista, narcisista perverso abusador...—, pero es un maltratador encubierto.

Cuidado: es un perfil invisible a ojos no expertos. Soy psicóloga especialista en ellos, he pasado cientos de horas estudiando a estos maltratadores, incluso doy clases en la universidad sobre el tema, así que los detecto en cuanto entran por la puerta, casi antes de que abran la boca.

Te enseñaré cómo operan, ya que puedes estar con un perfil así y no ser consciente de ello.

RADIOGRAFÍA DEL NARCISISTA PERVERSO ABUSADOR CÓMO DETECTARLO

1. Es un manipulador profesional, te utiliza para sus fines. Eres una marioneta en manos de una persona fría, maquiavélica, sin corazón ni escrúpulos.
2. Es un encantador de serpientes: carismático, con don de gentes para con los demás, pero en casa no se comporta de forma tan modélica e intachable.
3. Te hace sentir inferior a él: te dice que no vales nada, que eres tonta y fea. Contigo es soberbio, dominante y altanero.
4. Anula tus sentimientos y los invalida constantemente con frases como «Eres una exagerada», «Estás loca» o «No tienes ni idea de nada».
5. Te oculta información o te miente. Hay cosas que no te terminan de cuadrar.
6. A nivel laboral, suele tener éxito, le obsesiona su trabajo. Si no lo tiene, no parará hasta conseguirlo. Otra opción es que sea un vago que viva de ti.
7. Es narcisista, solo se importa él mismo.
8. Los planes y viajes en pareja giran en torno a lo que él quiere, no a lo que a ti te apetece. Vas a todas las reuniones con sus amigos, su familia o sus compañeros de trabajo, pero él nunca puede acompañarte a las tuyas.
9. No sabes cómo, pero siempre acabas teniendo la culpa de todo lo malo que pasa. Te da la vuelta a la tortilla, aunque sea él quien lo haya hecho mal. Es lo que se conoce como

«culpabilización inversa», técnica de abuso emocional muy frecuente en este perfil, ya que tienen un grandísimo don de la palabra para manipularte.

10. Suele ser un infiel crónico camuflado. Muchas veces es difícil pillarlo porque usa dos teléfonos o ha perfeccionado su método.

Si te has sentido reflejada en alguna de las afirmaciones anteriores, por favor, ¡sal corriendo!

MANUAL DE JUEGO DEL NARCISISTA PERVERSO ABUSADOR
CÓMO JUEGA

Siempre tiene un comportamiento maquiavélico… Cuando lo conoces, te parece el hombre más maravilloso del mundo. ¡Te tiene alucinada! Nunca has estado tan enamorada. Se inventa un personaje y te hace creer que es el hombre ideal, con el que siempre has soñado. Entre vosotros todo va muy rápido. Enseguida se mete en tu círculo social o familiar, y tú en el suyo. Quiere irse a vivir contigo cuanto antes; al poco de conocerlo, te habla de tener hijos, incluso de boda.

El narcisista perverso abusador te hace una grandísima campaña electoral o bombardeo amoroso, es todo un caballero seductor, pero dejará de serlo en cuanto te enganches a él. Te enamoras tanto que segregas altísimos niveles de oxitocina, la hormona del amor. Por esta bioquímica cerebral, te vuelves ciega a todo lo malo que ves en él. Una vez que caigas en su trampa, te devaluará con comentarios negativos, pasará de tu cara o te provocará cualquier tipo de abuso emocional. Después, acabará haciéndote una triangulación amorosa y sexual: te cambiará por otra o te será infiel. Y si no lo es, pasará de ti. Suelen dejar a su pareja. Espero que no te queden muchas ganas de seguir a su lado… Memoriza lo que viene a continuación, ¡tienes que huir de un abuso así!

CÓMO ESCAPAR DEL NARCISISTA PERVERSO ABUSADOR

Solo conseguirás escapar cuando entiendas que él siempre será igual y acabes con todas tus esperanzas de cambio. Ni dejará de hacer lo que hace ni volverá el hombre maravilloso del principio. Era un personaje creado para depredarte.

La mayoría de ellos suelen contactar contigo tras la ruptura, pero no porque quieran cambiar o hacer que la relación funcione, sino porque se mueren por saber que sigues disponible para ellos. Solo te ven como un juguete que alimenta su ego. ¡Bloquéalos!

Lo sepas o no, me parece fundamental recordarte esto: el narcisista perverso abusador nunca cambia. Siempre te maltratará, no hay nada que hacer. Su cerebro es muy diferente al de una persona normal.

Entra en YouTube y busca: «Lara Ferreiro. Diferencias cerebrales entre personal normal y narcisista perverso abusador». Allí encontrarás un vídeo supercompleto sobre el tema. No te lo saltes, pues en él te cuento cómo funciona el cerebro de estos perfiles con fotos cerebrales de verdad.

Por supuesto, en cuanto decidas romper, bloquéalo en todas partes: móvil, redes sociales, cualquier vínculo que mantengas con él… Es probable que vuelva, pero no porque se haya dado cuenta de que te ha tratado mal, sino por ver si sigues disponible para él, para engordar su ego. ¡Que le den, no caigas en sus redes!

Es primordial que lo sepas para que no esperes que cambie, tal como le pasó a la guerrera de la historia que te voy a contar.

CONFESIONARIO DE ¡QUE LE DEN!
LA HISTORIA DE LOLA

Lola, de cuarenta y cinco años, conoció a José Antonio, de cincuenta, en el trabajo. Ella era abogada de un prestigioso bufete, y él, su cliente. Ella estaba soltera; él, casado y con tres hijos. Desde el primer momento, empezó a hacerle regalos: la invitaba a cenas románticas (con la excusa del trabajo), le mandaba mensajes cariñosos y desplegó un cortejo inicial espectacular. Llegó al punto de inventarse un viaje de negocios a París para conquistarla del todo… Y empezaron a salir.

Cuando la mujer de José Antonio se enteró del romance —pues era la infidelidad número treinta—, se cansó de aguantar y se divorció. A Lola no le importó, pues estaba ciega de amor, con las hormonas del enamoramiento a tope.

Con el tiempo, él le sugirió que dejase el trabajo (aunque a ella le apasionaba) y le aseguró que la ayudaría económicamente. Lola era consciente de ser una marioneta en sus manos, pero, sin saber muy bien cómo, renunció y dejó de ver a sus amigas. Cada vez se sentía más y más anulada, triste y sola.

Un día, la mejor amiga de Lola le dijo que nunca la había visto tan abducida y que, además, habían pillado a José Antonio con otra mujer en un restaurante de moda. Ella se puso a la defensiva y le espetó: «Hasta aquí. No volveremos a hablar, intentas separarme del hombre de mis sueños».

El abuso llegó a tal punto que un día, durante una cena, José Antonio le gritó a Lola delante de todo el mundo que se callase, que era una estúpida y que no tenía ni idea de lo que estaba hablando. Ella, por miedo a que la dejase, se calló y bajó la cabeza. La guinda del pastel llegó un día en que recibió la llamada de un número desconocido y resultó ser la amante de José Antonio. La otra se lo contó todo… No se lo podía creer.

En ese momento, Lola, destrozada, decidió llamarme para empezar terapia conmigo. Tuvo muchísimas recaídas con José Antonio, porque nunca la dejaba venir, pues quería mantener su harén. Sin embargo, gracias a su esfuerzo en terapia, pudo poner punto y final a ese abuso.

LA DAMA DE HIERRO DICE:
«¡TENGO UNA PREGUNTA EXTRA PARA TI!»

MI QUERIDA GUERRERA, ¿qué hubieras hecho en este caso?

a) Sigues pensando que José Antonio es un angelito, que cambiará, que la noche lo confunde y que por eso te ha sido infiel. Y continuas con él, claro.

b) Te enfrentas a tu mejor amiga y a la amante de José Antonio, y les dices que están celosas de vuestro amor y que se lo quieren cargar por envidia. Las dejas hablar y sigues con él. ¡Ojú!

c) Al darte cuenta de que José Antonio está casado e intenta ligar contigo, te saltan todas las alarmas: si le ha sido infiel a su mujer, lo será contigo. Pasas de él y sigues buscando a una buena persona que te quiera de verdad.

Espero que hayas marcado la C. Como sigas pensando que los psicópatas narcisistas pueden cambiar, ¡me vas a oír! Veamos ahora al siguiente capullo.

QUE LE DEN AL HOMBRE EMOCIONALMENTE NO DISPONIBLE

Los hombres emocionalmente no disponibles (HEND) son agotadores. En este caso tendríamos que decir —o mejor gritar— un «QUE LE DEN» bien alto. Por regla general, te alimentas de esperanzas pensando que algún día el HEND te querrá o cambiará, pero, si estuvieras bien por dentro, no te interesaría ni te atraería un HEND. No te preocupes, lo trabajaremos con profundidad en este capítulo. ¡Rompe la cadena!

RADIOGRAFÍA DEL HOMBRE EMOCIONALMENTE NO DISPONIBLE
CÓMO DETECTARLO

A continuación voy a enumerar los tipos de hombre que no estarán nunca abiertos ni receptivos a ti, como tampoco a encontrar el amor:

1. **El *workaholic*.** Es el adicto al trabajo. Parece que se ha casado con él, y tú eres su última prioridad.
2. **El enganchado a la ex.** Sigue pillado por ella, no la ha olvidado. Tú pareces ser su premio de consolación, como si estuviera contigo para pasar el tiempo hasta que su ex le pida volver. Vamos, que eres su chica de transición, pero en el fondo no está preparado para formar una pareja contigo ni con nadie. Solo le obsesiona el fantasma de su ex. Tendrían que haber pasado, como mínimo, seis meses desde su ruptura. Lo ideal, un año.
3. **El amor a distancia.** Si mantienes una relación a distancia y tú eres la que tira para que funcione, no acabarás con él. Siempre eres tú la que va a verle, él no suele visitarte. Revisa por qué estás en una relación así. La distancia puede ser una barrera o una excusa encubierta para no comprometerse contigo o, quizá, en el fondo, seas fóbica al compromiso.
4. **El hombre burbuja.** De los tres a los seis primeros meses de la relación, es supercariñoso y romántico, te crea una burbuja de amor. De pronto un día, sin que pase nada concreto, se vuelve frío y cada vez te da menos. Lo único que quería era conquistarte y añadirte a su lista infinita. Le pone

el reto de tenerte, pero, cuando lo consigue, aplica un mínimo trabajo de mantenimiento hasta que te cansas o él desaparece para asumir el siguiente reto.

5. **El intermitente.** Un día está en tu vida y al otro se larga sin dejar rastro. Te hace el refuerzo intermitente. Este tipo de relaciones son muy adictivas. Es lo que le sucede a una persona en cualquier proceso de adicción. Por ejemplo, alguien con ludopatía entra en un bar, va directo a la máquina tragaperras, sabe que un día le cae la monedita y otro no, pero se queda enganchado a ver si consigue el premio. Si eres una yonqui del hombre intermitente, te pasará lo mismo. ¡Querrás tu monedita, su atención!
6. **El enmadrado.** Sientes que sois tres en la relación —un triángulo o trío mal avenido— porque su madre se mete en todo. Quizá estés con un hombre que no ha resuelto su complejo de Edipo. De forma inconsciente, este perfil sigue enamorado de su madre. No lo ha dejado crecer, de modo que es inmaduro emocionalmente. No sabe poner límites a su progenitora y... ¡tú te desesperas!
7. **El perturbado.** El hombre inestable a nivel emocional que un día está triste y al otro eufórico. Tiene problemas mentales o adicción al alcohol, los porros, el juego, la coca... Como no lo sabes, quizá intentes salvarlo, ayudarlo a solucionar sus problemas... Pero ¡no te corresponde hacer eso! Asumir el rol de salvadora es tóxico para ti, te autodestruirás con él.
8. **El amor imposible.** Estás pillada por un hombre que te atrae muchísimo, pero es tu amor imposible. Te dice que solo sois amigos o únicamente os acostáis de vez en cuando, pero tú estás enganchadísima y crees que, con el tiempo, se acabará enamorando de ti.

9. **El ligue online.** Si a diario hablas con un hombre por WhatsApp o por teléfono, pero no lo conoces en persona y siempre te pone mil excusas para veros, ¡ten mucho cuidado! Puedes estar, sin saberlo, con un estafador del amor que quiera tu compañía para sacarte el dinero o manipularte para sus macabros objetivos. Un ligue online que no has visto nunca es muy peligroso: quizá sea una identidad falsa y no se parezca en nada a la persona que dice ser.
10. **El amor estacional (*cuffing*).** Solo te quiere para un ratito, para unos meses. Como su nombre indica, hay cuatro tipos de amor estacional: primavera, verano, otoño e invierno. El más frecuente es el de primavera (pasa esos meses contigo y, antes de verano, corta para irse de festivales a tirarse a todo lo que se menea). Otro muy frecuente es el invernal, de Navidad hasta después de San Valentín, porque no quiere pasar esas fechas solo y, de paso, busca que le den calorcito en invierno. ¡Mantita y peli a tutiplén!

Si estás viviendo una pesadilla con alguno de los capullos anteriores, aprende a detectar cómo juegan.

MANUAL DE JUEGO DEL HOMBRE EMOCIONALMENTE NO DISPONIBLE
CÓMO JUEGA

Por lo general, el juego de un HEND es muy desconcertante: a veces es muy intenso y en ocasiones parece que no existe. Algunos te harán una conquista muy superficial, diciéndote las típicas frases que las mujeres queremos escuchar, pero todos siguen un patrón de comportamiento parecido:

- ✓ **Fase 1: ADIVINACIÓN.** Cuando lo conoces, tienes que averiguar lo que siente por ti (ya te lo digo yo: nada). No justifiques su desinterés con excusas, diciéndote que tiene miedo al compromiso. Si le gustases de verdad, no lo tendría. En su caso, es falta de interés. También tendrás que adivinar, a lo pitonisa Lola, qué grado de compromiso tiene contigo, que también es cero.
- ✓ **Fase 2: CRISIS DE AGOBIO.** Sale corriendo, incluso algunos se atreven a decirte que eres una pesada. ¡Cómo osan! Puede que invalide tus sentimientos. Busca, cual don Quijote, a una Dulcinea que no existe.
- ✓ **Fase 3: ALEJAMIENTO.** Se larga, desaparece, se mete en la cueva y no lo sacas de ahí ni con agua caliente. Y tú te sientes sola y abandonada.
- ✓ **Fase 4: RECUPERACIÓN DEL CONTACTO.** Cuando ya te ha castigado bastante con su distanciamiento, vuelve a contactar contigo. ¡Qué cansino! Y tú vas y lo recibes con los brazos abiertos… ¡Mira que te los corto! Se volverá a ir, y tú lo perseguirás hasta el fin del mundo. Volverá a hibernar y saldrá de su refugio de nuevo, así que el bucle puede llegar a ser infinito. Un buen día se levantará con el pie torcido y te dejará porque se siente saturado.

Es importante que aprendas a alejarte de un hombre que no puede hacerte feliz. En realidad, ni siquiera se plantea intentarlo.

Si emocionalmente no está disponible, te aseguro que, hagas lo que hagas, no le interesarás.

CÓMO ESCAPAR DEL HOMBRE EMOCIONALMENTE NO DISPONIBLE

Para huir, deberás identificar qué es lo que te engancha de él. Por lo general, serán tus pensamientos fantasiosos de que algún día seréis felices para siempre, así que en este caso tu trabajo será dejar de idealizarlo, ver a la persona real, no al personaje ficticio que te has creado en tu cabeza.

También, si lo necesitas, tendrás que hablar con él para averiguar qué quiere de ti. Te dará respuestas ambiguas, así que deberás decirle que prefieres no seguir conociéndole porque no notas el suficiente interés por su parte. Y, justo después, bloquéale en todas partes.

¡Mucha fuerza, mi querida lectora! No quiero que te pase como a la mujer del caso que te presento a continuación.

CONFESIONARIO DE ¡QUE LE DEN!
LA HISTORIA DE CLARA

Arturo y Clara se conocieron un precioso día de verano, el 5 de septiembre de 2022, a través de una famosa aplicación de citas. Empezaron a hablar cada noche hasta las tantas de la madrugada con la ilusión de una posible promesa de amor. Quedaron en verse dos semanas después y fueron al restaurante favorito de los dos: Charrúa, en Madrid. Era su primera cita.

Estuvieron hablando durante horas con la química de cuando te enamoras a lo flechazo. Clara tenía treinta y seis años y Arturo, cuarenta y cinco. Él adoraba el champán, el ajedrez, ir a Japón a un *onsen*, el típico spa japonés y perderse por todas las cimas montañosas de cualquier parte del mundo. Estaba un poco chiflado.

Clara nunca había tenido un sexo tan salvaje y pasional como el de aquella noche. Arturo tenía una talla 69 de condón… ¡Pura anaconda! Él le dijo que, para no pillarse, quedarían solo una vez al mes, y ella aceptó. Historial de Arturo: a su edad, nunca había tenido pareja. Se definía como onanista, es decir, solo se masturbaba y veía porno como si no hubiera un mañana. Le apetecía el sexo de vez en cuando, pero con una vez al mes iba más que servido. Era Clara la que siempre le mandaba wasaps, él nunca iniciaba la conversación. Al cabo de un año, Arturo le dijo «Te quiero» porque ella lo obligó.

Poco después a Arturo le diagnosticaron la enfermedad de Huntington. Dejó de cogerle el teléfono a Clara: no quería quedar con ella (aunque vivían a cinco minutos) y se encerró en sí mismo. Pasaron nueve meses sin verse y Clara no volvió a saber de él. Sus amigas le contaron que lo habían visto en una discoteca de moda.

Laura decidió cerrar emocionalmente ese capítulo oscuro con Arturo y centrarse en sí misma. Vino a terapia para analizar por qué siempre acababa con hombres emocionalmente no disponibles. Resolvió el dolor de la relación con su propio padre, que le influía inconscientemente porque ella sentía que no se merecía el amor de un hombre, y sanó su dolor del pasado. Actualmente está haciendo «el casting del amor» y está muy ilusionada con un hombre que le escribe cada día y cumple lo que promete. Pinta muy bien para ellos.

LA DAMA DE HIERRO DICE:
«¡TENGO UNA PREGUNTA EXTRA PARA TI!»

MI QUERIDA GUERRERA, ¿qué hubieras hecho en este caso?

a) Mandas a paseo a Arturo: que tenga une enfermedad no justifica que no quiera quedar contigo. Al menos podría habértelo contado antes de romper.

b) Vas a la discoteca y le montas un numerito preguntándole por qué no te escribe ni queda contigo. ¡Se va a enterar este HEND de manual!

c) Esperas otros nueve meses con paciencia a ver si se produce el milagro y te propone matrimonio. Le podrías cantar el tema de JLo «El anillo pa' cuándo».

Tesorito mío, como no hayas puesto la A, ¡¡¡llámame urgentemente a la clínica!!!

Con el siguiente capullo solo sacarás mucho dolor.

QUE LE DEN AL FÓBICO AL COMPROMISO

Los fóbicos al compromiso son difíciles de identificar porque nunca están. Cuando te vuelves para ver adónde han ido, ya se han largado. Se han apuntado a una misión secreta con los servicios de inteligencia o tienen complejo de James Bond. ¡Nunca están para ti! Estos capullos tienen el famoso síndrome de Houdini: huyen de las relaciones en un pispás. ¡No te detengas, sigue con los ojos pegados al libro!

RADIOGRAFÍA DEL FÓBICO AL COMPROMISO
CÓMO DETECTARLO

1. Es el eterno soltero profesional que convierte la soltería en su forma de vida. Sus relaciones suelen durar, como máximo, entre seis meses y un año.
2. Para él, enamorarse amenaza su libertad. Vive el amor con mucha angustia. En cuanto vuestra relación se ponga más emocional y seria, huirá.
3. Muchos son personas solitarias. Prefieren las actividades individuales —ir a la montaña, escalar, etc.— antes que hacer algo en grupo.
4. También está el perfil «juergas»: es la alegría de la fiesta y siempre sale hasta las tantas de la madrugada. Lo puedes encontrar en cualquier discoteca de moda, dándolo todo y siendo el terror de las nenas.

5. Es inmaduro, frío y muy racional.
6. No suele decirte cosas bonitas y, muchísimo menos, «te quiero».
7. Te deja en visto en WhatsApp, y sueles ser tú la que inicia la comunicación. Él se deja querer, y tienes que perseguirlo como un perrito faldero. ¡Es agotador!
8. No suele hablar de ti a la gente de su entorno, ni siquiera te la presenta.
9. Respecto al sexo, hay dos opciones: puede ser superpasional o todo lo contrario, nunca quiere tener sexo (contigo).
10. Tras el sexo, dice que tiene que trabajar o te pone cualquier otra excusa porque quiere echarte de casa. Se siente amenazado porque cree que ocuparás su espacio, y luego desaparece durante horas o días y no da señales de vida.

MANUAL DE JUEGO DEL FÓBICO AL COMPROMISO
CÓMO JUEGA

Lo hace de una forma muy hermética: cuando te des la vuelta, ya no estará. Como es alérgico al compromiso, huirá de toda charla respecto a vuestra relación o a quiénes sois el uno para el otro. Usará todo tipo de evasivas: puede no contestarte o darte largas y decirte que lo hablaréis en otro momento, pero esa conversación nunca llegará.

También es habitual que no conozcas a casi nadie de su entorno porque no quiera presentártelos, y tampoco se deja ver por los eventos sociales que tienes con tu gente. Siempre te pondrá excusas laborales o de otra índole. No suele abrirse a ti, no se muestra vulnerable. Cuando se estresa, en vez de compartir su agobio contigo, se aleja.

En el fondo, te costará sangre, sudor y lágrimas avanzar con él en vuestra relación. Será un verdadero viacrucis para ti: tendrás que irle exigiendo pasos de compromiso que son naturales en una relación de pareja, en la que se suele vivir una ilusión compartida. Los pasos habituales son vivir juntos, comprar una casa, casarse y tener hijos o un proyecto a largo plazo. Él siempre se inventará excusas, como que no es el momento, o acabará echándote en cara que lo presionas demasiado. Se preguntará qué es lo que no le gusta de ti para convencerse de que no tiene que dar un paso más contigo.

Algunos fóbicos al compromiso acaban con mujeres casadas o con pareja para así, de forma inconsciente, saber que se acabará, de modo que, mientras dura, no sufren. Suelen ser los que dan la *espantá*, el día de la boda y te dejan plantada delante de todos los invitados.

CÓMO ESCAPAR DEL FÓBICO AL COMPROMISO

Lo primero, reconoce tus necesidades: coméntaselo con calma y desde la verdad de tu corazón. Si te dice que no quiere un proyecto a largo plazo, asúmelo y pasa el duelo. Si te responde: «Más adelante», puedes exigirle una fecha real, por ejemplo: «El 1 de octubre de este año empezaremos a buscar casa para mudarnos juntos». Pero tiene que cumplirlo.

Si necesitas a un hombre que se comprometa al cien por cien contigo, no pierdas el tiempo con uno al que le tengas que suplicar que te dé más. Nunca le saldrá de forma natural, porque no te quiere lo suficiente o porque es así. Algunas mujeres dan un ultimátum a los filofóbicos, los que tienen miedo a enamorarse y al compromiso, y les funciona. Pero creo que no es una buena opción de vida tener que sufrir y ponerte radical para avanzar en tu relación de pareja con ese hombre.

Si el capullo a la fuga se va, déjalo, no lo persigas. Sigue adelante con tu vida, tal como lo hizo Alma.

CONFESIONARIO DE ¡QUE LE DEN!
LA HISTORIA DE ALMA

Alma conoció a Nicolás en una mágica noche de verano, durante la fiesta de una famosa revista de moda. Los dos estaban muy relacionados con la industria y tenían la misma edad, treinta y nueve años. Ella quería tener hijos y él no, pero le dijo que sí para engatusarla. Enseguida empezaron a salir. Alma sentía que estaba con el hombre más maravilloso de la tierra; Nico era superdivertido y encantador.

Muchísima gente del entorno de Alma le advirtió que era un *playboy* de manual, que las relaciones solo le duraban seis meses —la efervescencia hormonal del enamoramiento—, pero ella ignoró sus consejos. Se reían muchísimo juntos, aunque a veces discutían porque, cada vez que salían, Nicolás coqueteaba con todas las mujeres de la sala. Alma aguantaba y se decía que, al final de la noche, era ella la que se lo llevaba a casa (como si el premio fuese él, en fin...).

Habían pasado seis meses y la relación iba viento en popa, a toda vela. Sin embargo, desde fuera se veían todas las señales rojas, como que Nicolás nunca pasaba toda la noche con ella, sino que se iba a su casa después del sexo. No la presentaba a sus amigos, nunca hablaba de un futuro juntos. Cuando ella sacaba el tema de hacia dónde iba la relación, él respondía que lo estaba presionando, que era una pesada y que lo agobiaba. Encima la amenazaba con dejarla si seguía así. Alma tenía tanto miedo que dejó de preguntarle.

Al cabo de un año juntos, ella empezó a sentir que por fin Nicolás había dejado de ser fóbico al compromiso. ¡Estaba viviendo en una auténtica burbuja de amor! Una noche Alma le dijo que prefería quedarse en casa porque estaba muy cansada, y Nicolás le contestó que él pensaba ir a una discoteca. Ella, sin avisarle, se presentó allí y lo vio besándose con una mujer. ¡BUM! En ese momento Alma quiso morirse... Ya le habían advertido de la fama de *playboy* de él, pero no quería creerlo. Su cuento de princesa se desmoronó, su corazón se rompió en mil pedazos.

Me contactó por e-mail para empezar terapia y, gracias a las sesiones, pudo dejar al embaucador de Nicolás. Hoy disfruta de su maternidad, pues decidió ser madre monoparental de una preciosa niña llamada Vanessa. Alma se dio cuenta de que Nicolás tenía complejo de Peter Pan, no quería crecer. Lo último que supo de él fue que seguía exactamente igual, dándolo todo hasta las cinco de la madrugada en discotecas de moda. Al final, cada uno tenía sus prioridades y valores en la vida.

LA DAMA DE HIERRO DICE:
«¡TENGO UNA PREGUNTA EXTRA PARA TI!»

MI QUERIDA GUERRERA, ¿qué hubieras hecho en este caso?

- **a)** Vas a la disco y le dices a Nicolás que se acabó, le bloqueas y sigues con tu vida. ¡Que le den, ni un capullo más!
- **b)** En la discoteca, le tiras la primera copa que veas y arrastras por los pelos a la otra por mitad de la pista de baile. ¡Toma espectáculo!
- **c)** Coges al primer tío buenorro que veas en la disco, te lo ligas y tienes una noche loca con él. ¡Echas un puro polvo de la venganza!

Espero que hayas marcado la opción A… Si has marcado B o C, necesitamos vernos ya. ¡Mira que te registro! Como el repaso que le vamos a hacer al siguiente capullo…

QUE LE DEN AL QUE SOLO ME QUIERE COMO AMANTE

En este apartado pienso sacar a la Dama de Hierro que soy: ser la amante de un hombre casado o con pareja es ABSOLUTAMENTE TÓXICO, desgarrador y devastador para cualquier persona. He visto llorar a cientos de mujeres por aguantar al lado de un hombre casado o con pareja, y se han quedado atrapadas en ese triángulo de basura. Tres son multitud: él, la pareja o mujer y la amante (espero que no sea tu caso).

Por favor, lee con mucha atención lo que sigue. Identificarlo es clave para tomar medidas.

RADIOGRAFÍA DEL QUE SOLO ME QUIERE COMO AMANTE
CÓMO DETECTARLO

1. Es un mentiroso compulsivo, psicópata, seductor, narcisista, egocéntrico y engreído. Tú y su pareja oficial le importáis una m***** (sinónimo de caca de vaca), ya que solo se quiere a sí mismo.
2. Suele ser atractivo, con éxito laboral y económico.
3. Es un embaucador profesional, estafador del amor e infiel crónico.
4. Es un hombre sin empatía, maquiavélico. Planifica al milímetro los encuentros contigo para que su pareja no lo descubra.
5. Te vende falsas promesas de amor, como el clásico «Voy a dejar a mi pareja», pero jamás llegará ese día.
6. Se hace la víctima. Su esposa o pareja es una bruja malvada que le hace la vida imposible. ¿Por qué no la deja, si tan mala es? ¡Menudo manipulador!
7. Te asegura que está atrapado en la relación por los niños o que su mujer tiene una enfermedad terminal y no la puede dejar. Es mentira, quiere manipularte.

8. Te dice que no tiene sexo con su mujer, pero sigue teniendo hijos. No te creas sus mentiras. ¡No cuela! Los niños no vienen de París ni por obra y gracia del Espíritu Santo.
9. Te utiliza como sexo, compañía o paño de lágrimas de su vida frustrada con su mujer o pareja.
10. En el fondo, es tremendamente inseguro porque necesita conquistar a mujeres que no sean su pareja —cuantas más, mejor— para que lo adulen y pueda engordar su maltrecho ego. También te puede vender que tiene muchísimas carencias desde pequeñito para darte pena y seguir manipulándote.

Si te has sentido reflejada en alguna de las afirmaciones anteriores, ¡qué le den, ni un capullo más como este! Pero ahí no acaba la cosa, ¡continúa!

MANUAL DE JUEGO DEL QUE SOLO ME QUIERE COMO AMANTE

CÓMO JUEGA

Un hombre con pareja empezará contigo como una falsa amistad, aunque tendrá un objetivo claro: el sexo. Unas veces dicen que tienen pareja y otras lo ocultan, y lo descubres cuando ya estás enganchada.

El caso más frecuente es la combinación de una mujer soltera con un hombre casado y con hijos. Cuidado: roban años de vida.

Te conviertes en la amante, la otra, la querida, la invisible, y jamás te dará tu lugar. Irá posponiendo el paso que te promete que dará —dejar a su mujer o pareja— hasta el fin de los días. Te irá dando premios de consolación, como unos días de vacaciones juntos, y para ello engañará a su pareja, diciéndole que tiene un viaje de trabajo. ¡Te mereces mucho más! Sal de ahí corriendo.

CÓMO ESCAPAR DEL QUE SOLO ME QUIERE COMO AMANTE

Por favor, mi querida guerrera, quítate la venda de los ojos: un hombre casado o con pareja solo busca sexo o compañía porque se aburre en casa. Siempre dicen lo mismo: que se va a divorciar dentro de poco o que están atravesando una zona gris con su pareja.

He llegado a escuchar a alguno que asegura que mantiene una relación abierta con su mujer. Será mentiroso… Olé el blanqueamiento de cuernos. Si le preguntaras a su esposa, te darías cuenta de que de relación abierta nada. Qué morro… Un hombre que te quiere de verdad deja a su esposa y lo que haga falta. ¡La de imperios que se han roto por amor! Otra excusa clásica es que dejará su matrimonio cuando los niños crezcan. ¡No te creas ni una palabra!

En el fondo, él solo se quiere a sí mismo, ni a ti ni a ellas, solo a él. Tienes que trabajar tu autoestima y tus creencias sobre el amor y las relaciones de pareja. Jamás deberías permitir ser la otra, la invisible. Eso te destruye y mata en vida. ¡No hay derecho a que un hombre engañe a dos mujeres a la vez y que se le permita hacerlo! Con la de solteros atractivos y cariñosos que están dispuestos a darte amor…

Confía en las estadísticas: solo el 3 por ciento de los hombres deja a su mujer o pareja por su amante. No tienes ninguna posibilidad y, en cualquier caso, aunque la dejase, ¿para qué quieres un hombre que ya ha engañado a otra? Yo no me fiaría de un hombre que le ha puesto los cuernos a una mujer, ¿QUÉ CREES QUE TE HARÁ A TI? ¡Lo mismo! ¡Eres su siguiente víctima! Lo mejor es que sigas adelante con tu vida, lo bloquees y si te he visto, no me acuerdo.

Lee con atención la historia de Vega para que no te pase a ti. Aunque tú estés soltera y el comprometido sea él, por empatía, no hagas lo que no quieras que te hagan.

CONFESIONARIO DE ¡QUE LE DEN!
LA HISTORIA DE VEGA

Vega, de treinta y cinco años, conoció a Gabriel, de cincuenta, en un evento de empresa. Él, atractivo y de complexión atlética, había organizado el sarao. Al final del acto, se pusieron a hablar. Gabriel no le dijo que estaba casado y tenía tres hijos. Esa noche fueron a casa de Vega y tuvieron sexo desenfrenado en el trastero (a él le gustaba mantener relaciones ahí). Ella teletrabajaba, así que Gabriel pasaba las tardes con ella, pero por la noche decía que prefería irse a casa porque tenía problemas de insomnio y dormía peor acompañado.

A los tres meses él le contó que estaba divorciándose de su mujer, pero que mantenían una relación abierta (claro, nos lo creemos). Vega se quedó en shock ¿Cómo era posible que no le hubiera dicho que estaba casado y tenía tres hijos? Vivía con su esposa y los niños. En ese momento, todo le empezó a cuadrar: por eso solo se veían por las tardes…

Ella sentía que Gabriel era como una droga que no podía dejar, pues había muchísimo enganche mental y sexual. Fueron pasando las semanas y él le contó que estaba en una zona gris, pero que no se preocupara, que acabaría divorciándose, que tuviese paciencia. Según él, su mujer era una loca con problemas mentales. Le daba mucha pena separarse de sus hijos, así que quería hacerlo poco a poco para no dañar a nadie. Además, le prometió que tendrían hijos propios en cuanto se divorciase. Vega, desesperada, le creyó.

Llevaban ya un año juntos cuando Gabriel le dijo que tenía que romper la relación porque ese verano quería intentarlo de nuevo con su mujer. Le propuso que en septiembre volvieran a hablar en función de lo que pasara en su matrimonio.

Vega se enteró de que ese verano la mujer de Gabriel se había quedado embarazada de su cuarto hijo…

Vega tocó fondo cuando se vio, casi con treinta y siete años, con un hombre mentiroso e incapaz de salir de esa basura de historia. Me llamó, empezó terapia conmigo y le expliqué cómo funcionan este tipo de perfiles. Por suerte, pudo dejar la relación, lo bloqueó del todo —teléfono, redes sociales y WhatsApp— y hoy está casada con un hombre maravilloso y tiene una hija preciosa que ha nacido hace un mes. Menos mal que pudo salir de ese triángulo perverso… (en el que nunca debería haber entrado).

LA DAMA DE HIERRO DICE: «¡TENGO UNA PREGUNTA EXTRA PARA TI!»

MI QUERIDA GUERRERA, ¿qué hubieras hecho en este caso?

- **a)** Esperas con paciencia a que Gabriel se divorcie de su mujer y te crees todo lo que te cuenta.
- **b)** Trabajas tu autoestima, elevas el merecimiento de lo que permites que te hagan los hombres y le das una buena patada en el trasero a ese mentiroso compulsivo.
- **c)** Le propones un trío con su mujer y les cantas: «Felices los tres». ¿O era «Felices los cuatro»? ¡Qué jaleo, Mari Trini!

Dime, por favor, que has elegido la opción B… Esperar a que se produzca el milagro es un planteamiento ingenuo y de una persona que no tiene ningún tipo de autoestima con los hombres. Jamás permitas ser la ocultada, la amante. Te mereces un lugar entero y oficial solo para ti. No te conformes con esta basura cuando puedes tener a un soltero disponible que te quiera de forma sana. Que le den a todos los que te hacen perder el tiempo. ¡No te detengas, guerrera!

QUE LE DEN AL QUE ME HACE PERDER EL TIEMPO

Lo único que no podemos comprar es el tiempo, finito y limitado. Todos tenemos las mismas veinticuatro horas al día, y eres responsable de gestionarlas de la mejor manera posible. No culpes al hombre con el que andas porque no te da lo que quieres o necesitas, esa es tu responsabilidad. Alargar situaciones con hombres que no son para ti y no van a ningún sitio es malgastar tu valiosísimo tiempo.

Si persigues a un hombre que no te da lo que quieres, te perderás el respeto, regalarás tu dignidad y acabarás por verte patética. ¡Y no lo eres! Nunca tendrías que sentirte así por nadie. ¡Estudia a este capullo!

RADIOGRAFÍA DEL QUE ME HACE PERDER EL TIEMPO
CÓMO DETECTARLO

1. Tenéis distintas prioridades en la vida. Por ejemplo, tú quieres casarte y tener niños y él, divertirse o pasar el rato.
2. Sientes que no eres su prioridad: tú siempre estás disponible para verle y él solo está para ti de vez en cuando.
3. Te hace sentir mal cuando quedáis. No te da lo suficiente e incluso te critica.
4. Te ha mentido en algo inadmisible. Por ejemplo, tú no querías estar con un hombre con hijos, te los ha ocultado durante meses y acabas de enterarte. ¡Hay mentiras que no se pueden tolerar!

5. No te desea lo suficiente a nivel sexual y te hace sentir fea, poco atractiva o insuficiente para él.
6. Sientes que sois totalmente opuestos. Te conformas con él porque crees que no encontrarás a nadie mejor o que no mereces ser amada.
7. No tiene claro que quiera una relación contigo. Al principio solo sexo, y eso te hace sentir mal. Además, no te trata bien.
8. No cumple sus promesas ni le importa decepcionarte. Por ejemplo, te dice que vais a quedar o que te llamará y luego no lo cumple.
9. Es un hombre «cojín»: no se mueve del sofá. Pero tú eres superactiva. La relación no avanza ni te propone un proyecto en común.
10. En el fondo no te gusta, aunque intentas autoconvencerte porque es buena persona. No le quieres, no te gusta lo suficiente ni lo deseas, pero busca algo serio contigo.

Si sientes que algo de esto es lo que te pasa, pregúntate por qué lo permites. Pierdes tu energía y tus oportunidades con hombres que, si estuvieran disponibles y solteros, se esfumarían por la ventana.

MANUAL DE JUEGO DEL QUE ME HACE PERDER EL TIEMPO
CÓMO JUEGA

Lo hace de forma sutil o directa. Créelo si te dice que no quiere ser tu pareja. No importan las razones, quédate con los hechos y las palabras. ¡Dice la verdad! No pienses que cambiará con el tiempo, eso no va a ocurrir. Puede que no quiera una relación de pareja en general o contigo en particular. A veces desean enfocarse en su carrera profesional.

Suelen ser bastante activos en las aplicaciones de citas. Aunque te diga que la desactiva, no es verdad, sigue en su móvil. También puede coquetear con otras mujeres delante de ti o por las redes. Es un error pensar que intenta darte celos, solo piensa en su ego. Suelen comportarse de forma indecisa contigo: un día es intenso y al otro pasa de ti. Te enviará señales confusas y no sabrás interpretarlas.

Su manual de juego está claro: cuando te habla de su futuro, nunca apareces. Te dice que se irá a vivir al extranjero o empezará un nuevo proyecto laboral, pero tú ni existes, no estás en sus planes ni se te espera. Tampoco te pide tu opinión sobre su vida.

CÓMO ESCAPAR DEL QUE ME HACE PERDER EL TIEMPO

Solo hay una regla de oro para los capullos que te hacen perder el tiempo: lárgate. Eso es todo, no lo esperes más o te dolerá el culo de tanto estar sentada. ¡Sigue con tu maravillosa vida! No te aferres a él, te espera algo mejor.

Si el hombre con el que quedas o es tu pareja no te da lo que necesitas, vete. Parece difícil, pero no lo es. Si lo estás amenazando con que vas a romper la relación porque ya no te da lo que quieres, con la esperanza de que reaccione por miedo a perderte, ya te digo yo que no funciona.

Muchas mujeres se quedan al lado de hombres que no las valoran por el potencial que puede haber en ellos. Pero no son conscientes de la realidad de su vida con ellos. Para escapar de esta situación, quédate con los hechos reales, lo que hace por ti.

Aprovecha la fuerza que te ofrece este libro para tomar las riendas de tu vida y dejar la relación. Recuerda que eres una mujer increíble y que a todo aquel que no te dé su cien por cien tienes que mandarlo bien lejos. ¡Te mereces a alguien que te dé más! Te espera algo muchísimo mejor. Confía en la vida y en todo lo bueno que te deparará. A veces nos quedamos en relaciones o situaciones por miedo a ir a peor, pero en el fondo debemos seguir los dictados de nuestro corazón. Si te duele, no es ahí, no es tu persona.

Es muy fácil saber si estás con el hombre adecuado: solo tienes que escuchar tu termómetro emocional. Observa tus emociones internas, cómo te hace sentir cuando estás con él y, sobre todo, cómo te sientes cuando estás sin él. Si eres feliz, estás tranquila y te da todo lo que te mereces, ¡adelante! Si no es así, revisa esa relación y déjala. Poner fin a un abuso o negligencia emocional es liberador, aunque duela a corto plazo y te parezca imposible. Te lo aseguro, luego no es tan difícil.

Este libro te está ayudando a librarte de todos los capullos con los que te has cruzado, confía en mí. Sigue leyendo la historia de Adriana.

CONFESIONARIO DE ¡QUE LE DEN!
LA HISTORIA DE ADRIANA

Una noche de verano, Adriana, de treinta y siete años, conoció a Guillermo, de cuarenta y cinco, en una galería de arte de pintura japonesa. Ella era muy soñadora e idealista y él, racional y frío. Empezaron a salir de inmediato. Desde el principio, Guillermo le dijo que no pensaba tener hijos con ella ni con ninguna otra mujer, así que, si esa era su intención, mejor no empezar nada serio. Adriana pensaba que el amor que sentía hacia él le haría cambiar de parecer, de modo que obvió sus palabras. Quería ser madre… ¡Formar una familia era la ilusión de su vida!

Pasaron los meses y, cuando llevaban un año como pareja, le preguntó si le apetecía que intentaran quedarse embarazados. Él le dijo que estaba loca, que desde el principio le había dicho que no quería hijos. A partir de ese momento, la relación se convirtió en una pesadilla: peleas, reproches y llantos. Adriana ya había cumplido los treinta y ocho, y le preocupaba no llegar a conocer a sus futuros hijos soñados.

Un día Guillermo la dejó porque se sentía agobiado: ella lo trataba como «esperma con patas». Adriana no aceptó la ruptura: lo perseguía, se plantaba en su casa e intentaba tener sexo con él sin preservativo. Un día se arrodilló y le suplicó que tuvieran un hijo. Cuando él se negó, se sintió tan humillada que, en cuanto salió de su casa, se prometió que no volvería con él. Fue entonces cuando me llamó y empezó terapia para desengancharse de esa relación.

Trabajamos mucho, muy profundo. Adriana congeló sus óvulos para quedarse más tranquila. Ahora está conociendo a otro hombre que quiere ser padre y formar una familia con ella. ¡Está muy ilusionada! A ver qué pasa…

LA DAMA DE HIERRO DICE:
«¡TENGO UNA PREGUNTA EXTRA PARA TI!»

MI QUERIDA GUERRERA, ¿qué hubieras hecho en este caso?

a) Piensas que, con paciencia y esfuerzo, Guillermo querrá ser padre, solo es cuestión de tiempo. Sigues con él. Aunque pasen cinco años, ¡el amor todo lo puede!

b) Dejas la relación y sigues adelante con tu vida. Te das cuenta de que te has engañado: si un hombre no quiere ser padre, no lo será, por muchas ganas unilaterales que tengas.

c) Intentas darle celos con otro hombre y te acuestas con su mejor amigo para que se dé cuenta de lo mucho que vales la pena. Este plan fijo que funciona.

¡ESPERO QUE HAYAS MARCADO LA OPCIÓN B! La A es autoengaño destructivo y la C es un plan de venganza (poco realista) sin sentido.

QUE LE DEN A MI EX QUE NO ME DEJA AVANZAR

El último «que le den» se lo va a llevar tu EX. Si crees que no tienes cuentas pendientes con tu pasado y no hay ningún hombre merodeando a tu alrededor, pasa a la tarea en acción de esta primera isla, al final del capítulo, aunque te invito a leerlo como repaso o por curiosidad (por si tuvieras una recaída con un hombre de tu otra vida).

Sin embargo, si sigues enganchada a alguno de tus ex —da igual el formato: exligue, exrollito, expareja, exgilipollas…; para muchas, la lista es interminable—, este apartado es para ti. ¡Tengo la clínica a reventar de mujeres que no consiguen olvidar a su ex! Si no sueltas al anterior, nunca podrás encontrar al siguiente de forma sana. No es verdad lo de que un «clavo saca a otro clavo». En realidad, se enquistan los dos. Quien dijo esa frase no entiende de amor ni de carpintería.

Antes de ver la radiografía de un ex que marea, quiero que cojas un boli y marques con una × los enunciados con los que te sientas identificada.

¿Realmente has olvidado a tu ex?

- ☐ Piensas en él cada día, o como mínimo tres veces por semana. Vamos, que pasa por tu mente.
- ☐ Cotilleas las redes sociales de tu ex con tu cuenta personal o con una falsa. Pareces del mismísimo FBI: los servicios secretos de inteligencia tendrían que contratarte… ¡Vete echando el currículum a la CIA!

- ☐ Cuelgas en tus redes las llamadas «fotos de la venganza»: se te ve pibón, quieres darle celos. Te vienes arriba y pones fotos de cenas misteriosas o viajes exóticos para que se imagine que estás con otra persona.
- ☐ Tienes citas con hombres que en realidad no te gustan para entretenerte, por desesperación o para evitar la soledad.
- ☐ Has tenido sexo con otras personas para intentar olvidar a tu ex.
- ☐ Le escribes con excusas baratas para seguir teniendo contacto con él, y por lo general eres tú la que empieza.
- ☐ Pareces una yonqui del amor, una adicta. Le has permitido comportamientos tóxicos y volverías con él a cualquier precio.
- ☐ Comparas con tu ex a todos los hombres con los que sales, pero ninguno te parece tan bueno como él.
- ☐ Lo tienes idealizado, aunque no era tan ideal... De lo contrario, ¡seguirías con él porque valoraría a una diosa como tú!
- ☐ Si tu ex tiene una nueva novia, te comparas con ella y cotilleas sus redes cada dos por tres. Te machacas y criticas porque sientes que ella es mejor que tú.

Si has marcado una o varias de estas diez premisas, tendrás que trabajar duro para olvidarlo de una vez por todas. Cuantas más hayas puesto, menos lo habrás superado. En ese caso, continúa con la lectura para comprobar si tu ex te sigue mareando.

RADIOGRAFÍA DEL EX QUE NO ME DEJA AVANZAR
CÓMO DETECTARLO

1. A veces te escribe wasaps con un vago: «Hola, qué tal», pero, en cuanto le mandas dos frases, te deja en visto y no te responde. En otras ocasiones, parece muy interesado en ti.
2. Un día te da míseros likes a las fotos de tus redes y al siguiente te escribe que quiere verte porque no te ha olvidado, o se inventa excusas poco creíbles para volver a contactar contigo.
3. Ve tus historias en las redes, aunque luego, si se lo dices, no lo reconoce.
4. No te escribe para quedar, pero te marea por mensaje o en las redes. Si es así, te tiene como una muñeca y te usa a su antojo. Te utiliza para lo que quiere: diversión, sexo, compañía, engordar su ego, etc.
5. Sientes que ya no está enamorado de ti, tú eres la más pillada de los dos. No hay una reciprocidad sana entre vosotros.
6. Te ha dejado, pero un día vuelve como si nada y retomáis la relación. O bien te dice que por ahora no quiere nada serio, pero que le apetece tener sexo o ir a tu casa para una noche de pasión. En cualquier caso, no te devuelve el título de novia oficial.
7. Como se escuda en que ya no sois novios, se acuesta o coquetea con otras. Tú esperas que, con el tiempo, recapacite, cambie de opinión y volváis a estar juntos. ¡Viva el autoengaño!

8. Te escribe o te envía mensajes calientes. Intenta que vayas a su casa o que le dejes ir a la tuya para tener sexo.
9. Se pone celoso si le hablas de otros hombres, pero él no quiere nada serio contigo. Es como el perro del hortelano, ¡ni come ni deja comer!
10. Te pone excusas —baratas, más *low cost* imposible—, y tú evitas darte la relación que quieres. Rompisteis porque teníais diferentes prioridades y nivel de compromiso. Siempre discutíais por los mismos temas.

Si te has visto reflejada en alguno de estos diez puntos, debes huir de esta espiral autodestructiva. Primero, averigua si sigues enganchada a tu ex y después veremos las claves para alejarte de este torbellino de tortura. ¡Te mereces más, y lo sabes!

MANUAL DE JUEGO DEL EX QUE NO ME DEJA AVANZAR
CÓMO JUEGA

Es importante que descubras cómo juega tu ex —si sigue pensando en ti, no te dejará ir— para tomar las decisiones más adecuadas. Por regla general, te mantiene en sus redes, no ha adoptado el contacto cero: sube fotos de viajes que hicisteis juntos o publica temas que te incumben para que te des por aludida. Quizá te manda esos mensajes para decirte que sigue pensando en ti. Te pregunta cómo te encuentras y aún te felicita en tu cumpleaños y fechas señaladas, como Navidad. A lo mejor sigue poniéndose la sudadera que le regalaste.

Si os encontráis en los mismos sitios o, sin pretenderlo, hacéis planes con amigos en común, quizá él sepa que estarás allí y lo haga para acercarse a ti tímidamente. Si todavía mantiene el contacto con tu familia o tus amigos, puede que quiera acercarse de nuevo.

En el supuesto de que sientas que él no asume la ruptura y tú sí, tendrás que decirle a las claras que es irreversible y no ceder a sus presiones. Si te cuesta olvidar a tu ex, interioriza los siguientes consejos.

CÓMO ESCAPAR DEL EX QUE NO ME DEJA AVANZAR
LOS NUEVE PASOS PARA SUPERARLO

Estas son las claves para superar una ruptura con tu ex en nueve pasos:

Paso 1. Rompe de una vez por todas.

Paso 2. Devuélvele o almacena vuestros recuerdos.

Paso 3. Practica la desintoxicación digital.

Paso 4. Hazle un bloqueo empoderado.

Paso 5. Busca apoyo en tu amiga, la sabia.

Paso 6. Deja de idealizar a tu ex y quiérete.

Paso 7. Practica el consumo cero.

Paso 8. Ten cuidado con el síndrome de abstinencia.

Paso 9. Evita a los hombres «tirita».

Si ya no estáis juntos, porque has roto con él o te ha dejado, y no habéis vuelto a saber el uno del otro —ni ganas, ¡palabrita de Dama de Hierro!—, analiza si has seguido todos estos pasos para olvidarte de tu ex.

Paso 1. Rompe de una vez por todas
Corta todo tipo de comunicación con él y rompe de forma radical. Muerto el perro, se acabó la rabia. Si no aceptas la ruptura, márcate una fecha para decirle que se acabó. Es lo que se conoce como «ruptura programada»: establece un día en el que romperás con él, le dirás que se acabó y lo bloquearás. Desde ese instante, empieza una nueva vida. Es como cuando un adicto al tabaco dice que el 1 de enero dejará de fumar, lo planifica y, de golpe y porrazo, no vuelve a tocar un cigarro. Una ruptura radical es para siempre: tienes que hacerlo y, a partir de ese día, evitar todo contacto con él.

Paso 2. Devuélvele o almacena vuestros recuerdos
Dale todas sus cosas, idealmente, el día que cortes con él. Te recomiendo que hagas limpieza y metas en una caja todo lo que te recuerde a él. Deja espacio a lo nuevo. Muchas mujeres redecoran su casa tras una ruptura: cojines, mantas, plantas, cuadros… Es buena idea crear así un nuevo hogar, pero no uses la excusa de devolverle algo (insignificante) para seguir en contacto.

Paso 3. Practica la desintoxicación digital
Esto implica hacer una limpieza de las fotos con tu ex —las que tengas en el móvil, las que hayas publicado en las redes, las de las aplicaciones (WhatsApp, etc.)—, conversaciones comunes y todo lo que creas necesario. Aunque la decisión es muy personal…

Lo dejo a tu criterio, lo que consideres que es mejor para ti. ¡Confío en tu sensatez!

Paso 4. Hazle un bloqueo empoderado

Muchas mujeres me llaman «Reina del Bloqueo»... Es así, estoy a favor si la situación lo merece o te ayuda a avanzar. Creo que bloquear a un ex o a una persona que te roba la energía y no te da lo que te mereces es un gesto de empoderamiento, dignidad y autoestima: no permites que te siga haciendo daño.

Existe una creencia falsa y tóxica muy establecida de que, si bloqueas a tu ex, pareces una desesperada y que pensará que no lo has superado, pero no es verdad. Puedes bloquearlo porque no le dejas volver a tu vida para marearte, manipularte o enredarte. Si para ti es más fácil superar la ruptura bloqueándolo, ¡hazlo! Sobre todo si crees que puedes caer de nuevo en sus redes. Póntelo fácil: sé inteligente, rápida, y utiliza todas las herramientas a tu alcance para avanzar. Piensa en ti y en tu recuperación.

Sin embargo, si manteníais una relación tóxica, no es que te lo recomiende, ¡te lo ordeno! Bloquéalo en WhatsApp, llamadas y redes. Como muchísimo, deja abierta la posibilidad de comunicación por e-mail, y ya me parece muy generoso por tu parte... Hay personas que, antes de bloquear, mandan un wasap a su ex diciéndole algo parecido a esto: «Te voy a bloquear en todas partes porque lo nuestro no va a ningún lado. Te deseo lo mejor» o «Si tienes que decirme algo importante, mándame un correo electrónico. Un abrazo». Después, cierran toda vía de comunicación, menos el e-mail.

Hay personas que lo hacen de una forma menos radical —se nota que no han hablado conmigo— y borran el número de teléfono del ex de sus contactos para no ver si está en línea por

WhatsApp, o dejan de seguirle por las redes. Si tiene el perfil privado, evitarán la tentación de cotillear. Valora tu caso y actúa en consecuencia.

Paso 5. Busca apoyo en tu amiga, la sabia

Pide ayuda a esa amiga que es un pozo de sabiduría, un ejemplo de relación de pareja sana. Si no, ¡apañadas vamos! Para que avances, es clave que tus amigas te den cariño y aliento mientras curas tu corazón. Debes tener a una persona que se convierta en tu «ángel de la ruptura»: cada vez que desees hablar con tu ex, no lo hagas y acude a ella.

¡Sigue adelante, no desfallezcas!

Paso 6. Deja de idealizar a tu ex y quiérete

Este paso es clave: coge tu cuaderno y escribe lo que yo llamo la «lista del terror». Te ayudará a ser más racional y a ver la realidad de la relación con tu ex. Anota todas las guarradas que te ha hecho y, cuando lo necesites, léela para darte cuenta de lo que en realidad había entre vosotros. Algunas mujeres fotografían la lista y la guardan en su carpeta de fotos favoritas del móvil para releerla y tenerla a mano. Si la tóxica eres tú, anota en una lista de autoanálisis todas las cosas malas que le hiciste y aprende de ello para no repetir el patrón con tu siguiente pareja.

Paso 7. Practica el consumo cero

Una vez que ya no lo tengas idealizado, avanza hacia el consumo cero. Antes de nada, debo aclarar la diferencia entre contacto cero y consumo cero. El primero significa que no vuelves a escribir a tu ex ni a hablar con tu ex. El consumo cero va más allá: no le escribes, no lo llamas, no lo ves, no cotilleas sus redes, no hablas de él. ¡Cero consumo!

Muchas pacientes me dicen que han cumplido el contacto cero, ya que no le han escrito o interactuado con él, pero se pasan horas vigilando sus redes, viendo sus fotos de WhatsApp y hablando de él con todo quisqui —con todos los que estén dispuestos a escucharlas, porque sus amistades están fritas del monotema—. En el fondo, siguen superatadas, aunque no contactan directamente con su ex. Por eso empecé a pensar en la idea del consumo cero.

Paso 8. Ten cuidado con el síndrome de abstinencia

En este paso necesitarás mucha fuerza de voluntad… Cuidado con el deseo intenso de escribir, llamar o quedar con tu ex cuando lo echas muchísimo de menos. Para paliar el síndrome de abstinencia, te recomiendo que hagas ejercicios de relajación. También puedes hablar con tu amiga, la sabia, leer la lista del terror o apagar el móvil y dar un paseo sin él. Las ganas de contactar son temporales.

Cuando te pase, es importante que comprendas cómo funciona el impulso. Hay dos zonas cerebrales: la lógica, llamada «prefrontal», y la de las emociones, que se conoce como «amígdala». Si dejas que la zona amigdaloide se apodere de tu cabeza y no eres capaz de ser objetiva y racional, te podrán las ganas de saber de él, acabarás escribiéndole y luego te quedará una sensación horrible que te hará sentir muy mal. ¡Sé fuerte, tú puedes!

Paso 9. Evita a los hombres «tirita»

Una vez que hayas gestionado el síndrome de abstinencia, ten mucho cuidado con no agarrarte a los hombres «tirita», llamados así porque los usas como cuando tienes una herida: te pones la tirita para calmar el dolor. Si estás con un hombre para olvidar a otro, quizá después te sientas peor. Algunas mujeres me han llegado a decir que, durante el proceso de duelo después de romper con su ex (al que no han olvidado), se acuerdan de él al mantener relaciones sexuales con otro hombre, y eso, al final, es más traumático para ellas.

Si necesitas un programa profundo y específico de duelo, puedes llamarme para venir a terapia o leerte mi libro anterior, *Adicta a un gilipollas*, en el que desarrollé un plan de desintoxicación radical de seis semanas con ejercicios prácticos que puedes hacer cada día.

Si quieres profundizar en este tema, entra en YouTube y busca «Lara Ferreiro. Cómo olvidar a tu ex. Las seis fases del duelo». Allí encontrarás un vídeo explicativo supercompleto, por si necesitas trabajar estas fases.

Querida mía, tenemos que hablar en serio. Es muy importante que hagas este proceso de cierre: tu pasado influye en tu presente, y podrá hacerlo también en el futuro. Di adiós a tu ex, como lo hizo otra maravillosa guerrera, Daniela.

CONFESIONARIO DE ¡QUE LE DEN! LA HISTORIA DE DANIELA

El avión a Roma estaba a punto de despegar y me estaba quedando dormida. De pronto, una mujer se sentó a mi lado. No sé cómo lo hago, pero siempre acabo metiéndome en conversaciones aéreas dramáticas, y esta no me defraudó.

Enseguida conectamos. Daniela, madrileña, me contó que un día, en un bar de Malasaña, conoció a Lucca, un romano rubio que parecía el mismísimo David cincelado por Miguel Ángel. «Fue amor a primera vista», me dijo. Empezaron a salir a distancia, entre Madrid y Roma, pero, con el tiempo, ella se trasladó a Italia para vivir con él, pues era periodista *freelance* y podía teletrabajar desde cualquier parte.

Entre lágrimas, Daniela recordó sus románticos inicios: paseaban su amor por la Ciudad Eterna, a la luz de las velas de todos los *ristoranti* de la ciudad. El primer año fue de película, y ella estaba como en una burbuja de cuento de hadas. Pero todo había cambiado… Lucca solía estar de mal humor, trabajaba fuera de Italia muchas semanas al año y ella se sentía sola en Roma. Un día Lucca le dijo que ya no estaba enamorado de ella, que la pasión y las ganas de seguir juntos habían pasado. Y la dejó. Daniela se resistía a marcharse de casa de Lucca aunque ya no eran pareja. Le suplicaba y lloraba a diario, pidiéndole otra oportunidad.

Me contó que se sentía fatal arrastrándose por las sobras —que no caviar— de él. Le comenté que era psicóloga experta en rupturas sentimentales y le expliqué cómo superarlo. Me explicó que ella nunca asumía las rupturas. Cuando los hombres la dejaban, se quería morir, y eso la conectaba con su dolorosísima infancia: su padre la abandonó de pequeña. Se sentía diminuta sin un hombre a su lado y le invadía el sentimiento de soledad y los traumas no resueltos.

Llegamos a Roma y le pasé mi contacto. Al cabo de tres semanas, me escribió para empezar terapia. Daniela dejó a Lucca y su amada Roma, y volvió a vivir en Madrid. Hoy está feliz de haberse recuperado del duelo, tiene paz y seguimos trabajando su sistema de apego hacia su padre para romper la cadena de su infancia, que la condiciona en el presente.

LA DAMA DE HIERRO DICE: «¡TENGO UNA PREGUNTA EXTRA PARA TI!»

MI QUERIDA GUERRERA, ¿qué hubieras hecho en este caso?

- **a)** ¡Te quedas en Roma con Lucca! Aprendes violín y le tocas canciones de Andrea Bocelli, a ver si resucitas a ese David rubio de Miguel Ángel.
- **b)** Asumes que ha llegado la hora de aceptar la ruptura, recoges tu dignidad y amor propio, te largas de su piso y trabajas tus heridas emocionales en terapia.
- **c)** Te bajas una aplicación de citas en Roma y quedas con todos los buenorros que haya, para cenar pasta carbonara. ¡Está tan rica, la comida italiana!

Es cierto que la pasta está buenísima, pero ni comida, ni violín ni leches. ¡Espero que hayas marcado la B! Casi hemos llegado al final del primer anillo, ¡enhorabuena, mi querida guerrera! ¡SIGAMOS!

Todas mis pacientes saben que mis terapias son como un gimnasio emocional: hay que sudar y hacer los ejercicios. Y por eso te propongo la siguiente tarea. No deberías pasar al segundo anillo sin liquidar tus cuentas pendientes. Si no lo haces, tendrás que volver a esta parte del libro para despedirte de los hombres que te impiden avanzar en tu proceso de crecimiento y recuperación del amor propio para encontrar a la pareja adecuada.

TAREA EN ACCIÓN
¡ROMPE CON TU PASADO YA!

Empezaremos el ejercicio haciendo una lista de todos los exligues, exparejas o exloqueseandeti que te molestan por WhatsApp o redes sociales y lo permites. Son todos esos hombres que no te aportan nada, que les sigues el juego por no sentirte sola o porque te prestan atención. Quedes o no con ellos, te están robando energía amorosa.

LISTA DE LIGUES / ROLLITOS / MAREADORES / PAREJAS / EX (que tengo que echar de mi vida porque me hacen perder mi valioso tiempo)
1.
2.
3.
4.
5.
6.
7.
8.
9.
10.

Cuando completes la lista, elige una de las opciones que te planteo a continuación para cada uno de ellos:

- Bloquearlo sin decirle nada.
- Romper con él y bloquearlo de WhatsApp y redes sociales.
- Hacerle la muerte lenta: no contestar a sus mensajes.
- Pasarlo a amistad y explicárselo.
- Hacerle una intervención: decirle que no te interesa seguir hablando con él y borrar su contacto.

En cada caso, elige la opción más adecuada. Pero cuidado con convertir a tu ligue o ex en una falsa amistad: es un mecanismo de autoengaño muy común para ver si reacciona y se enamora de ti.

Elimina de tu vida a todos los hombres que estén en el terreno amoroso y no te aporten o no te den lo que quieres. Bloquéalos o no vuelvas a contestar a sus mensajes para seguir avanzando.

Recuerda: es un gravísimo error pensar que, hasta que encuentres a alguien que merezca la pena, puedes conformarte con premios de consolación. ¡Elígete a ti! ¡Pasa tiempo contigo! Al final, dedicarás mucha de tu valiosísima energía a esos hombres que no te dan lo que te mereces, perderás el tiempo ¡y no lo recuperarás!

Haz limpieza: deja el reciclaje de ex y aléjate del que te esté molestando y robando tu maravillosa energía amorosa. Si ha sido alguien importante en tu vida, deberás pasar por el proceso de duelo y asumir la pérdida.

Si te ayuda, puedes escribirle una carta de despedida (no se la entregarás, es solo para que desbloquees tus emociones y te desahogues). Hay muchas personas que celebran una ceremonia de cierre. El duelo amoroso es como cuando muere alguien, pero tu ex sigue vivito y coleando. Cuando fallece un ser querido, vamos al tanatorio y al entierro para llorar su muerte, y este proceso funciona como ritual de cierre y despedida. De manera simbólica, necesitamos hacerlo para asumir que esa persona ya no está.

Una vez que cierras la puerta a todos los hombres de tu pasado y rompes los viejos pactos que te condicionaban, enhorabuena, querida lectora, has llegado al final con el PASADO LIMPIO. ¿Cómo te sientes? ¡Primer anillo completado! Ahora sí que sí, todas juntas, gritemos con fuerza: «¡NI UN CAPULLO MÁS!».

Mi querida guerrera:
Envíame la historia de un capullo de tu pasado, tal y como has leído en los confesionarios. Puedes mandarme un texto o un audio, a modo de resumen, por Instagram. Etiquétame —@psicologa_laraferreiro— o cuéntamelo en una *story*. Me encantará conocerla, ¡muero de amor cuando os leo! Anímate y hazlo. #ladamadehierro, #niuncapullomas, #queleden, #guerreras.

> No puedes amar a alguien que no te ama o que no se interesa por ti. El amor verdadero es recíproco: recibes tanto como das.
>
> Erich Fromm, *El arte de amar*

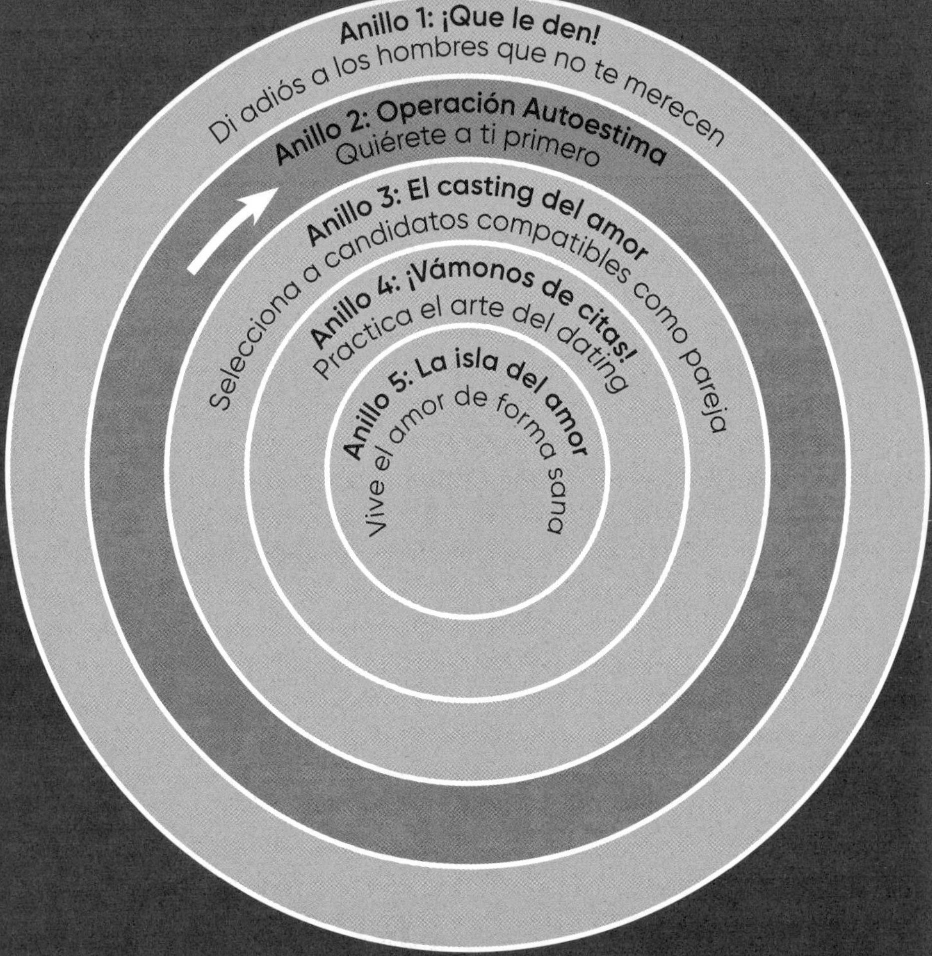

Anillo 1: ¡Que le den!
Di adiós a los hombres que no te merecen

Anillo 2: Operación Autoestima
Quiérete a ti primero

Anillo 3: El casting del amor
Selecciona a candidatos compatibles como pareja

Anillo 4: ¡Vámonos de citas!
Practica el arte del dating

Anillo 5: La isla del amor
Vive el amor de forma sana

2

OPERACIÓN AUTOESTIMA

Quiérete a ti primero

Mi querida guerrera, una vez que te has deshecho de tu pasado, ha llegado… ¡TU MOMENTO! En este anillo te toca actuar. Que nadie te robe este tiempo para ti, ¡es un regalo! Tendrás que mirarte, revisarte como si estuvieras en un taller mecánico y ver cómo estás por dentro. Es la oportunidad de trabajarte.

Este capítulo es el más profundo, tiene muchísimo calado emocional. No son meros ejercicios, sino que implican interiorizar un nuevo estilo de vida que deberás cuidar a diario. En mi caso, tengo una grandísima fuerza mental y autoestima porque invierto mucho tiempo en cuidarme: reviso cómo me hablo, analizo a quién dejo entrar en mi vida, etc. Todo lo que te voy a mostrar aquí me lo aplico cada día desde hace años, así que he decidido compartir mis secretos para que veas cómo he llegado a este momento vital tan bueno.

A lo largo de mi vida, he invertido cientos de horas en formarme y he seleccionado las mejores y más potentes herramientas para mis pacientes. Todo lo que vamos a trabajar es lo que hago en la clínica, tanto en terapia presencial (Madrid) como online. Quiero que te arremangues, que vayas a por un boli y tu maravilloso cuaderno e imagines que estás en terapia conmigo. ¡Vamos a simularla!

Mis pacientes saben que soy muy exigente: a terapia no solo se viene a hablar y desahogarse; hay que trabajar, y mucho. Luego, los resultados son excepcionales. Recuerda que me tienes para lo que necesites, no te suelto. ¡Sigamos avanzando juntas!

AUTOLOVE TEST: «¿ME QUIERO REALMENTE?»

Querida mía, vamos a ver cómo andas de amor propio. Soy una apasionada de los test, ya me conoces, creo que es deformación profesional. Además de la Dama de Hierro, soy la Dama de los Test. He incluido este cuestionario para que averigües cuál es tu nivel real de autoestima. Vuelve a él cada vez que quieras evaluarla.

Contesta con sinceridad, nadie se enterará, solo lo sabremos tú y yo. Pon una × si te sientes reflejada en alguno de estos diez enunciados:

- ☐ Mis padres no me mostraron amor de forma sana ni me enseñaron a quererme.
- ☐ Mi madre permitió situaciones de abuso o negligencia a personas de su entorno. En muchos casos, siento que estoy repitiendo su patrón.
- ☐ Consiento acciones tóxicas a los demás con tal de que me quieran.
- ☐ Tengo una baja autoestima. Con frecuencia, me critico y me machaco.
- ☐ No consigo la vida que quiero.

- ☐ Cuando me miro al espejo, me veo fea o gorda, no acepto la imagen que veo. No me gustan mi cara ni mi cuerpo.
- ☐ No sé gestionar mis emociones. Unas veces me callo y otras exploto.
- ☐ No sé marcar límites ni tengo una comunicación eficaz con mi entorno.
- ☐ Estoy con hombres que no me dan lo que necesito por lo poco que me valoro como mujer.
- ☐ Suelo estar pendiente de gustar a los demás, me asusta que me rechacen. ¡Me aterra la soledad!

Querida mía, si has marcado una sola de las afirmaciones anteriores, tienes que trabajar tu amor propio. ¡Empléate a fondo en este capítulo! Si no te has sentido identificada con ninguna, sigue leyendo, por si acaso. Te sorprenderían los resultados de muchas mujeres: les ayuda a potenciar lo que llevan en su interior. Este segundo anillo es como ir al gimnasio: a todo el mundo le va de fábula, da igual la condición física con la que llegue.

Estos ejercicios requieren mantenimiento durante toda la vida. ¡No olvides nunca a la Dama de Hierro, la apasionada de los test!

EL ORIGEN DE TODO: LA INFANCIA

Debemos empezar por el principio, el punto de partida para que seas como eres. La infancia es el patio en el que se juega toda la vida. Me encanta esta frase de Frederick Douglas: «Es más fácil criar a niños fuertes que reparar a hombres rotos». Por eso nos sumergiremos en las profundidades de tu cabeza, tu parte más invisible e íntima. Seas o no consciente de ello, todo lo que vives queda codificado en alguna parte del cerebro.*

La autoestima está relacionada con las experiencias que vives de niña, pues te condicionarán de adulta. Por otra parte, tu cerebro puede borrar acontecimientos dolorosos o poco útiles en la infancia; por eso hay personas que no recuerdan nada o casi nada de esa etapa. La mente hace lo que se conoce como «podas neurales o sinápticas»: cada cierto tiempo, borra lo que no le interesa con el fin de protegerte. Es decir, en especial durante la infancia, pero también a lo largo de la vida, el cerebro elimina de forma natural aquellas conexiones que no sirven o duelen mucho para liberar espacio de almacenamiento.

De hecho, las podas neurales se intensifican antes de los dos años, y su pico máximo se produce en la adolescencia, sobre los doce o trece. Por eso las personas cambian tanto a esa edad. Durante ese periodo tan importante, todo evoluciona a nivel hormonal y cerebral. Lo curioso es que el cerebro y la personalidad no acaban de formarse hasta los veinticuatro o veinticinco años. Por eso no se recomienda que se diagnostiquen trastornos antes de esa edad, pues se entiende que tanto la personalidad como el cerebro están en construcción. Siguiendo con la cabeza, la última zona cerebral que se desarrolla es la corteza prefrontal. Y esto provoca que, antes de los veinticinco años, muchas personas no sean, precisamente, los reyes de la madurez.

En cualquier caso, la buena noticia es que el cerebro es neuroplástico. Es decir, podemos cambiar y modular los pensamientos

* Si eres madre, por favor, aplica a tus hijos lo que aprendas en este capítulo. Debemos romper la cadena de las consecuencias de una mala infancia. Si la tuya fue buena, sigue perpetuando ese modelo sano de crianza.

como si fueran plastilina para convertirnos en personas felices. No está hecho de hormigón, no nos impide cambiar, al contrario. Así que puedes modificar tus conductas a cualquier edad. Tuve en terapia a un hombre de ochenta años y me emocionó mucho su caso: no quería morir sin superar una fobia y, por suerte, hoy vive feliz y disfruta de sus nietos.

A continuación vamos a ver uno de los patrones que más influyen en los niños a la hora de ir formando su identidad: el sistema de apego que le dan sus padres. Si no es el adecuado, le provocará unas heridas emocionales que arrastrará hasta la edad adulta. Adentrémonos en los cuatro estilos de apego y las posibles heridas emocionales que aparecen como consecuencia de ellos.

Los cuatro estilos de apego

La primera persona en formular la teoría del apego fue el inglés John Bowlby, y transformó la manera de entender las relaciones. Se trata del modelo teórico más influyente del siglo XX: arroja luz al campo de la psicología para entender cómo nos comportamos con los demás y por qué lo hacemos de ese modo.

El estilo de apego se desarrolla en la infancia y la adolescencia, y da como resultado una forma de comportarse en la adultez. El apego determina tu forma de ser, actuar y gestionar las relaciones con los demás, ya sean familia, pareja, amistades o compañeros del entorno laboral. En definitiva, es la forma que tienes de vincularte con el mundo exterior.

Hay cuatro estilos de apego, y me gustaría que reconocieras el tuyo. Por lo general, predomina uno, aunque hay personas que tienen una mezcla de dos o varios, y por eso no se comportan de forma estable en sus relaciones. A continuación te ofrezco una tabla-resumen para que comprendas este tema tan importante.

IDEAS CLAVE

	APEGO SEGURO	APEGO ANSIOSO	APEGO EVITATIVO	APEGO DESORGANIZADO
LOS COMPORTAMIENTOS DE TUS PADRES	• Cariñosos • Cuidadores • Validan las emociones • Sin miedos	• Intermitentes • Un día estaban y otro no • Inseguros	• Fríos • Distantes • Pasan de los hijos • Siempre trabajando en sus cosas	• Impredecibles • Castigos desproporcionados • Manipuladores y gritos • No respetan tus límites
CÓMO SE DESARROLLA TU NIÑA INTERIOR	• Confiada • Digna de amor	• No te dejan ser tú • Con miedo y ansiedad • «Algo malo me va a pasar»	• Solo e independiente • «Solo me tengo a mí mismo»	• «No soy digno de amor» • «Mis padres no me quieren» • Inseguridad
TU PERSONALIDAD DE ADULTA	• Fuerte y segura • Sabes poner límites	• Insegura y ansiosa	• Poco cariñosa • Distante y fría	• Insegura • Impredecible • Permites abusos
TU AUTOESTIMA (A lo largo de tu vida)	ALTA	BAJA	BAJA	BAJA
CÓMO ERES EN PAREJA	• Relaciones sanas • Disfrutas del amor • No permites nada tóxico	• Celosa y conflictiva • Adicta emocional • Permites todo • Necesita atención	• Miedo al compromiso • Relaciones superficiales o cortas • Tu pareja no es prioridad	• Relaciones de amor/odio • Relaciones tóxicas conflictivas e inestables
HERIDAS EMOCIONALES (Toda tu vida)	• SIN HERIDAS	• HERIDA DE ABANDONO	• HERIDA DE RECHAZO	• HERIDA DE HUMILLACIÓN • HERIDA DE TRAICIÓN

¿Ya has identificado tu estilo de apego? Piénsalo un poquito más. Lo ideal sería que todos tuviéramos un apego seguro: influye en cómo te ves, tendrás una alta autoestima y pisarás fuerte en tus relaciones.

En cambio, con las otras tres formas tendrás una autoestima baja y serás insegura. No te preocupes: en unos meses, el estilo de apego se puede cambiar con terapia profunda. He visto transformaciones en mis pacientes. Aunque tengas esa forma poco saludable de vincularte con el mundo, puedes cambiar. Es como una persona que tiende a estar gorda: no implica que llegue a ser obesa mórbida.

En su libro *Maneras de amar*, el neurólogo y psiquiatra Amir Levine y la psicóloga Rachel Heller concluyeron que entre las personas adultas:

- ✓ **Algo más del 50 por ciento tiene un apego seguro.** Se relaciona de manera confiada y sana tanto con los demás como en pareja.
- ✓ **Alrededor de un 20 por ciento tiene un apego ansioso.** Se relaciona con los demás y en pareja de forma insegura y ansiosa.
- ✓ **Un 25 por ciento tiene un apego evitativo.** Se relaciona con los demás y en pareja de una manera muy fría, distante y poco cariñosa.
- ✓ **Del 3 al 5 por ciento tiene un apego desorganizado.** Según cómo se levante, se comporta de forma muy distinta con los demás y en pareja: ansioso, frío… No tiene un patrón estable.

Combinaciones de pareja:

- ✓ Dos personas seguras se suelen atraer.
- ✓ Otra combinación frecuente es mujer ansiosa con hombre evitativo. Ella lo perseguirá hasta el final, él se agobiará y se alejará. Luego ella se cansará y, cuando desaparezca, él volverá a buscarla. Así pueden estar hasta el fin de los tiempos. Es el famoso baile ansiosa-evitativo. ¡Se atraen como imanes!

Una vez has identificado tu estilo de apego, debes saber que cada uno puede generarte unas heridas emocionales concretas. Vamos a verlas.

Las cinco heridas emocionales

Las heridas emocionales son las lesiones afectivas o los dolores emocionales que acumulamos después de vivir experiencias traumáticas. Por ejemplo, te las pueden provocar tus padres si no han estado pendientes de ti o situaciones ajenas al entorno familiar: te pegaban o te hacían *bullying* en el colegio, por ejemplo. Es una de las situaciones más dolorosas que alguien puede sufrir en la infancia, junto con el abandono de los padres o ser víctima de abusos sexuales. Por ello, como psicóloga, le doy mucha importancia a este tema.

Lee con detenimiento el siguiente apartado y detecta si te pasa algo de lo que presento. Puedes tener más de una herida emocional, he visto a mujeres que las tenían todas.

IDEAS CLAVE
LAS CINCO HERIDAS EMOCIONALES

1. **Herida de abandono:**
   - **Estilo de padres:** miedosos, ansiosos. No te apoyaban ni estuvieron presentes. Apego ansioso.
   - **Sentimientos de pequeña:** sola y abandonada.
   - **Máscara para ocultar tu herida: SUFRIDORA.** Lo aguantas todo con tal de que no te abandonen. Adicta emocional a relaciones tóxicas, personalidad dependiente con tendencia a la sumisión.
   - **Personalidad de adulta:** ansiosa y miedosa. Baja autoestima, lo permites todo con tal de que te quieran. Te aterra la soledad, ejerces el rol de enfermera-salvadora con tu pareja: siempre necesitas algo y le exiges más de lo que te da. Temes que se vaya.
   - **Has sanado tu herida si** tienes una buena autoestima, sabes poner límites y te das prioridad para no caer en relaciones de abuso.

2. **Herida de rechazo:**
   - **Estilo de padres:** fríos, esquivos, no cariñosos o pasaban de ti. Apego evitativo.
   - **Sentimientos de pequeña:** invisible para los demás, no le importabas a nadie. No te sentiste integrada en la familia, el colegio o el entorno social, y esto sembró la semilla de tu autodesprecio.

- **Máscara para ocultar tu herida: HUIDIZA.** Huirás de las relaciones antes de que te abandonen.
- **Personalidad de adulta:** te rechazas o no te aceptas. Tienes baja autoestima, prefieres no vincularte al cien por cien con los demás, dices que sí a todo para que no te rechacen. Crees que no eres digna de ser amada y te afectan muchísimo las críticas. En las relaciones, te sientes invisible. Necesitas el reconocimiento y la validación constante de tu entorno o de desconocidos.
- **Has sanado tu herida si** mantienes relaciones en las que te valoran, estás en paz y tranquila contigo y con la vida. No huyes de la gente, te abres de forma sana.

3. **Herida de humillación:**
    - **Estilo de padres:** humillantes, criticones, te menospreciaban o se burlaban de ti. Apego desorganizado.
    - **Sentimientos de pequeña:** avergonzada por quién eras. Te pusieron algún mote en la familia o el colegio (acoso escolar). Te humillaban, te comparaban con tus hermanos o con los demás.
    - **Máscara para ocultar tu herida: MASOQUISTA.** En las relaciones, aguantas abusos inadmisibles porque no te sientes merecedora de amor. Personalidad dependiente o adicta emocional.
    - **Personalidad de adulta:** humillada. Te echas la culpa de todo lo malo que sucede a tu alrededor, no sabes poner límites, estás dispuesta a aguantarlo todo con tal de que la gente siga a tu lado. Tienes la sensación de que no vales y de que todo lo haces mal, te justificas e incluso llegas a pedir perdón sin motivo. Nunca ves nada bueno de lo que tienes o eres,

crees que no te lo mereces. Puedes llegar a ridiculizarte. Tienes muy baja autoestima.

- **Has sanado tu herida si** tu diálogo interior es sano, no te criticas, estás con personas que te valoran y te sientes digna de su amor.

4. **Herida de traición:**
   - **Estilo de padres:** cuando más los necesitaste, no estuvieron o te traicionaron contando tus secretos, o se reían de ellos. Apego desorganizado.
   - **Sentimientos de pequeña:** desprotegida, engañada, pisoteada y traicionada.
   - **Máscara para ocultar tu herida:** CONTROLADORA. Te cuesta mucho delegar y prefieres hacer las tareas por ti misma.
   - **Personalidad de adulta:** desconfiada. Te cuesta confiar, te gusta controlar, mandar y manejar las situaciones. Siempre estás en alerta por si alguien te falla. Sueles ser muy crítica contigo y con los otros. Consideras imprescindible que tu pareja te sea fiel, tu valor fundamental es la lealtad. Pareces fuerte, pero todo te afecta. Siempre estás a la defensiva, agresiva incluso. Puedes llegar a sentir envidia o rencor. Te cuesta perdonar.
   - **Has sanado tu herida si** ya no quieres controlarlo todo y a todos ni te pones barreras defensivas para que no sepan cómo eres. Te permites ser tú misma y confías en las personas que se lo merecen.

5. **Herida de injusticia:**
   - **Estilo de padres:** autoritarios, perfeccionistas, exigentes en exceso, dictadores, inflexibles e intolerantes. No valoraron

tus esfuerzos. Mezcla de apego ansioso, evitativo y desorganizado.

- **Sentimientos de pequeña:** nunca eras lo bastante buena para tus padres, nunca lo hacías lo suficientemente bien para ellos.
- **Máscara para ocultar tu herida: RÍGIDA.** No sueles aceptar opiniones distintas a las tuyas y tiendes a pensar que tus ideas son correctas.
- **Personalidad de adulta:** perfeccionista, muy crítica contigo y con los demás. Nunca eres lo bastante buena para ti ni para los otros. A veces te sientes incapaz de hacer algo, te entra la ansiedad por si te equivocas o lo ves como una tarea inalcanzable, así que procrastinas y lo dejas para otro día.
- **Has sanado tu herida si** te permites cometer errores, también a los demás. Has reducido tu nivel de perfeccionismo y eres más flexible si algo no sucede como pensabas. Ya no te criticas. Eres compasiva y amorosa contigo.

Quizá te identifiques con una herida, con dos o con todas. Haz un recuento de lo que tengas de cada una. Hay personas que vienen a terapia a trabajarlas todas. Lo importante es que las identifiques para analizar a las personas que dejas entrar en tu vida y cómo te relacionas con los demás. Esto influirá en tu amor propio, que es la base de todas las áreas de tu vida.

Ser padre es muy difícil, cada uno intenta hacerlo lo mejor que puede, o eso quiero creer. Pero hay veces que su comportamiento con los hijos tiene graves consecuencias para ellos y los dañan de forma muy compleja y devastadora sin ser del todo conscientes del profundo dolor que les han generado. De hecho, muchos reproducen lo que les han hecho sus progenitores, y así la cadena del abuso se perpetúa por generaciones y se desarrollan traumas intergeneracionales. ¡HAY QUE ROMPER ESA CADENA!

Te recomiendo que detengas la lectura y hagas una lista en tu cuaderno de todas las personas que te tratan mal. Anota qué heridas te están provocando y qué piensas hacer con esa gente. Por ejemplo: «Mi novio me ha puesto los cuernos, pero lo aguanto para tapar mi herida de abandono, humillación y traición. Todo esto provoca que siga teniendo baja autoestima. Voy a romper con él».

Las heridas emocionales de la infancia pueden influir en cómo te comportas con tu pareja y con los demás. Cuantas más tengas, más tocada y hundida estará tu autoestima. Pero ¡podemos trabajarla! El cerebro es neuroplástico, puede cambiar con las herramientas que te detallo a continuación.

EL PENTÁGONO DE LA AUTOESTIMA

La autoestima es la percepción y valoración que tienes de ti; puede estar baja, media o alta. Cuanto más alta, más valiosa te sentirás y menos permitirás que te traten mal.

La autoestima no es estática, sino dinámica. Si la vida te da un revés, fluctúa, ya que la percepción que tienes de ti varía con el paso del tiempo. La idea es que, cuanto más sólida sea, menos te afectará el golpe que te dé la vida.

La autoestima está compuesta por cinco partes. Digamos que es como un pentágono: cada vértice es un ingrediente secreto para la receta de quererte. ¡Vamos a trabajarlos! Si tienes cuatro de los cinco, no se notará tanto en el sabor del plato, pero, cuantos menos ingredientes tengas, peor estará tu autoestima.

1. Autoeficacia. ¡Avanza con la vida!

Es la sensación de que tu vida avanza: cada vez eres más feliz en sus diferentes áreas y sabes que puedes conseguir lo que quieras. Cuanto más grande sea la diferencia entre tus expectativas y la realidad, mayor frustración sentirás contigo y con la vida, y peor autoestima tendrás.

Para comprobar en qué punto estás en tu vida y si se aleja de donde quieres llegar, puedes hacer un ejercicio que siempre propongo a mis pacientes cuando empezamos terapia. Lo llamo «Los quesitos de la vida», una adaptación de la famosa «Rueda de la vida», técnica creada por Paul J. Meyer que ayuda a analizar las diferentes áreas vitales. El objetivo es que sepas que puedes mejorarla al ver de qué punto partes y adónde te quieres dirigir. Te voy a poner un ejemplo, para que lo puedas reproducir:

LOS QUESITOS DE LA VIDA
EL CASO DE MARIANA

Puntúa del 0 al 10 tu nivel de satisfacción en cada área de tu vida. El 1 sería «Me encuentro muy mal en este momento» y el 10, «Me siento fenomenal». Cuando acabes, puedes colorearlo según la puntuación.

En este ejemplo verás cómo hacerlo:

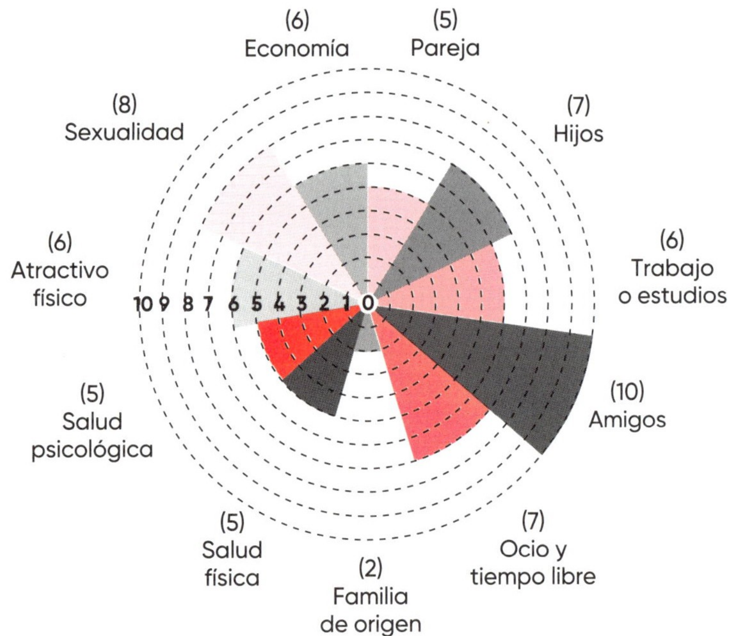

Después de ver esta figura, ¿cómo crees que se siente Mariana?

- Pareja: le falta mucho para llegar al 10 (ha puesto un 5).
- Familia de origen: está fatal (ha puesto un 2). Habría que averiguar si hay traumas.
- Amistad: 10. Sus amigos son un punto de apoyo importante para ella.
- Sexualidad: ha puesto un 8; la pasión sexual es lo que la une a su pareja.
- Nivel físico y psicológico: se encuentra en un punto intermedio (5).
- Atractivo físico: lo considera un 6.

Mariana tiene muchas áreas en las que le gustaría mejorar. Para ello, podría establecer un plan de acción con actos concretos para aumentar la puntuación en las que están más flojas.

Ahora me gustaría que puntuases del 0 al 10 tu nivel de satisfacción en cada área de tu vida. Luego, plásmalo en el esquema.

ÁREA DE TU VIDA	NIVEL DE SATISFACCIÓN
Pareja (si tienes)	
Hijos (si tienes)	
Trabajo o estudios	
Amigos	
Ocio y tiempo libre	
Familia de origen	

ÁREA DE TU VIDA	NIVEL DE SATISFACCIÓN
Salud física	
Salud psicológica	
Atractivo físico	
Sexualidad	
Economía	

Traslada la puntuación a los quesitos y coloréalos pensando en tu vida actual.

LOS QUESITOS DE MI VIDA

Cuando termines el ejercicio, responde a las siguientes preguntas en el cuaderno:

- ¿Qué conclusión sacas de los quesitos de tu vida?
- ¿Tienes una puntuación similar en todas las áreas o son muy diferentes? ¿Por qué crees que es?
- ¿En qué área te sientes más feliz? ¿Por qué? ¿En cuáles menos? ¿Cuál crees que es el motivo?
- ¿Qué necesitarías para sentirte mejor en cada área que has puntuado por debajo de 8?
- ¿Qué y quién o quiénes crees que te han impedido mejorar tu vida?
- ¿Desde cuándo te sientes así?
- ¿Qué acciones tomarás para mejorar en las áreas más flojas?

Te recomiendo que revises el sentido de tu autoeficacia, cómo avanza tu vida, cada tres meses. Hazlo cuatro veces al año, una vez por cada estación, y compara los resultados. Esta herramienta es muy útil: te ayudará a ir viendo tus progresos o retrocesos en función de las acciones y decisiones que tomes. Es importante que tengas claras tus prioridades para actuar en consecuencia y que no permitas que nadie te robe la energía para conseguir lo que quieres. Algunas personas suman todas las cantidades y dividen el resultado entre las once áreas para conocer su nivel de bienestar general, pero esto ya es para guerreras muy motivadas.

¡Muchísima fuerza, mi querida lectora! Puedes elevar tu autoeficacia. Sigamos con el pentágono de la autoestima. Vamos a por el segundo ingrediente, también esencial.

2. Diálogo interior. ¡Háblate bien!

Es la conversación que mantienes contigo, como si en tu interior habitara una voz que puede ser tu mejor amiga o la peor de las enemigas. Tu forma de hablarte es la gasolina de la mente; el cerebro se alimenta de los pensamientos que le das a diario.

Al igual que todos somos responsables de escoger una buena alimentación para darle lo mejor al cuerpo, tienes que ser consecuente con lo que te dices. En la actualidad, la terapia más eficaz para conseguirlo es la cognitiva conductual.

En la mente, todo empieza por los pensamientos. De media, los occidentales tenemos unos sesenta mil al día. Los pensamientos generan emociones y las emociones, acciones. Hay dos tipos de pensamientos: tóxicos y sanos.

- **Tóxicos.** Provocan emociones desagradables: tristeza, ira, ansiedad... Cuando te hagan sentir así, pondrás en práctica acciones autodestructivas, agresivas, de evitación y de escape. ¡Imagínate! Muchos pensamientos tóxicos repetidos a diario durante años producen creencias limitantes negativas y arraigadas sobre ti, y tendrás una baja autoestima.
- **Sanos.** Generan acciones de exposición y emociones agradables: alegría, sorpresas de las que gustan... Al tener pensamientos buenos sobre ti, tu autoestima estará alta y sabrás exponerte al mundo porque no te asustará enfrentarte a las situaciones. Además, la suma de muchos pensamientos sanos produce creencias profundas y potenciadoras. ¡Te sentirás capaz de todo!

A continuación, te dejo un resumen:

IDEAS CLAVE
CÓMO FUNCIONAN LOS PENSAMIENTOS

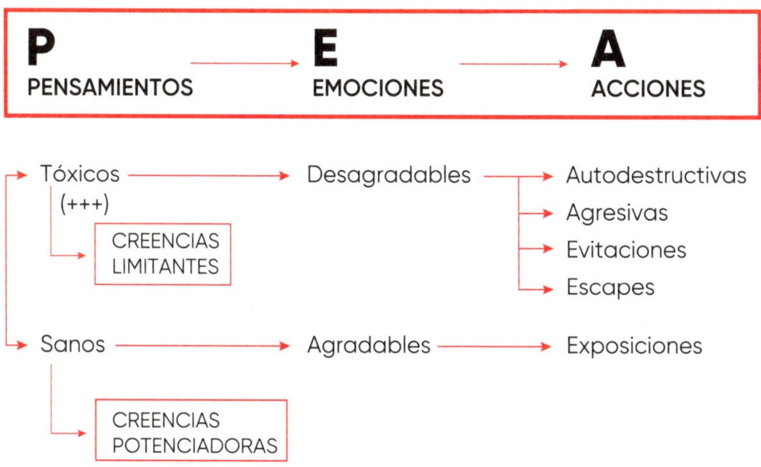

En el colegio y en casa tendrían que habernos enseñado a focalizarnos en pensamientos buenos sobre nosotras y a hablarnos bien, a desterrar los pensamientos tóxicos y cambiarlos por otros positivos. Si no es tu caso, estás a tiempo de ponerle remedio.

Los dieciséis pensamientos tóxicos

Hay dieciséis formas de pensar nocivas que determinan nuestro estado de ánimo y nuestra autoestima. Pon una × si te sientes identificada con alguno de estos pensamientos:

- ☐ **Filtraje.** Coges los detalles negativos y los magnificas. No te quedas con los aspectos positivos de una situación o con lo bueno que alguien dice de ti.
- ☐ **Pensamiento polarizado.** Las cosas son blancas o negras, buenas o malas. A veces te ves perfecta y, en ocasiones, te sientes una fracasada. Para ti, no existe el término medio.
- ☐ **Sobregeneralización.** Extraes una conclusión general de un incidente o de una parte de la evidencia. Si te ocurre algo malo, esperas que se dé siempre.
- ☐ **Lectura de la mente ajena.** Sin haberlo hablado, crees saber cómo se sienten los demás y por qué se comportan de un modo concreto. Piensas que eres capaz de adivinar qué sienten hacia ti o crees que te consideran tonta, fea, estúpida o que te ven cualquier otra cualidad negativa.
- ☐ **Visión catastrófica.** Esperas el desastre. Te enteras de un problema y empiezas a decirte: «¿Y si…?», «¿Y si estalla la tragedia?», «¿Y si me sucede algo malo?».
- ☐ **Personalización.** Crees que todo lo que la gente hace o dice es una reacción hacia ti. Te lo tomas como un ataque personal y te pones a la defensiva.
- ☐ **Control extremo.** Necesitas tenerlo todo bajo control, no sabes delegar y, si lo haces, te genera ansiedad. ¡Eres una *control freak*!
- ☐ **Falacia de la justicia.** Estás resentida porque piensas que sabes lo que es justo. Si los demás no están de acuerdo contigo, te enfadas y les montas un buen pollo. Juzgas con dureza a quien no se comporta como crees que debería.
- ☐ **Culpabilidad.** Piensas que los demás son responsables de tu sufrimiento y les echas en cara todo lo que no hacen por

ti. También puedes estar en el polo opuesto: te culpas de los problemas ajenos y te machacas por ellos.

- ☐ **Los «deberías» o el perfeccionismo.** Tienes una lista de normas estrictas sobre cómo deberíais actuar tanto tú como los demás. Eres muy rígida. Si alguien rompe tus normas, te enfadas. También te sientes culpable si haces algo que no deberías y te cabreas contigo.
- ☐ **Contagio emocional.** Si alguien te dice que no vales o que haces las cosas mal, te lo crees. Valoras más la opinión de los otros que la tuya, no cuestionas lo que te dicen. Esto se conoce como «permeabilidad emocional».
- ☐ **Falacia del cambio.** Esperas que los demás cambien o intentas manipularlos para que lo hagan. Lo necesitas: tus esperanzas de felicidad dependen de lo que ellos hagan. No te responsabilizas de tu propio cambio.
- ☐ **Etiquetas globales.** Generalizas una o dos cualidades de una persona y la etiquetas. Por ejemplo, alguien llega tarde una vez y le pones el sambenito de «impuntual».
- ☐ **Tener razón.** Piensas que tus opiniones y acciones son las correctas, que nunca te equivocas y, si lo haces, no lo reconoces y haces lo que sea para demostrar que tenías razón.
- ☐ **Falacia de la recompensa divina.** Esperas un premio por tu sacrificio y abnegación. «Algún día, la vida me recompensará por todo el sufrimiento que he vivido». Te sientes resentida cuando ves que ese premio no llega.
- ☐ **Anticipación.** Ves el futuro con angustia, aunque esa situación no existe. Piensas que lo que vendrá será malo o anticipas desgracias posibles que crees que podrían pasar.

De los dieciséis pensamientos tóxicos más frecuentes, ¿con cuáles te sientes reflejada? Habría que cambiarlos por otros sanos... En este apartado te enseñaré a hacerlo.

Suelo decir a mis pacientes que, durante un tiempo, los voy a acompañar al «supermercado de la mente» y les voy a pedir que cojan lo que quieran para comer. Por hábito, elegirán los pensamientos tóxicos, porque la mayoría de ellas llevan muchísimos años prefiriendo este tipo de comida basura mental, pero les enseño a ir a las secciones de frutas y verduras para que aprendan a comprar alimentos saludables. Deberás automatizar nuevos hábitos, cambiar los pensamientos tóxicos por otros sanos.

Registro de pensamientos. Un día en mi mente

Te recomiendo que, durante un día, lleves un registro de tus pensamientos y de tu autodiálogo. Alucinarás al verlos todos juntos. Muchas personas me dicen que no eran conscientes de lo mal que se hablaban hasta que hicieron este ejercicio. Te pongo un ejemplo para que lo veas más claro:

REGISTRO DE PENSAMIENTOS El caso de Catalina
08.00 h. Estoy gorda. Me miro al espejo y pienso: «Con esta cara, ¿quién te va a querer?».
09.00 h. Seguro que mi jefa piensa que soy una inútil y que no hago nada bien. ¡Me va a despedir!
10.00 h. Mi novio no me ha mandado un mensaje de buenos días. ¿Aún me quiere? Acabará poniéndome los cuernos, como mi ex.

Durante un día o unas horas, haz lo mismo que Catalina: toma nota de todo lo que te dices; escribe todos estos pensamientos en el cuaderno.

Volviendo al ejemplo anterior, ¿cómo crees que se sentirá Catalina consigo misma? Ya te lo digo yo: fatal, porque no deja de criticarse.

Te aconsejo que todos los días automatices la segunda parte del ejercicio de Catalina que te presento en la página siguiente: la tabla de los pensamientos tóxicos que deberás cambiar por otros sanos. En cuanto te venga a la mente una idea nociva, cámbiala por una idea buena. Completa esa tabla para usarla a modo de diario. Puedes hacerlo al final del día, durante un par de semanas. Así te darás cuenta de lo mal que te hablas e irás valorando tus avances.

El primer pensamiento del ejemplo es lectura de la mente y, el segundo, una visión catastrófica.

Presta atención a la diferencia de cómo te hace sentir una idea nociva y otra buena. Para mí, este ejercicio es de los más potentes que existen. ¡Cambia tus razonamientos y cambiarás tu vida! Es clave, como cambiar la dieta y empezar a comer bien: en poco tiempo empezarás a notar los beneficios. Cada vez que tengas ideas dañinas sobre ti, quiero que te autocorrijas y te hables bien, tal y como hacemos en la tabla siguiente. Si no se te ocurre nada positivo, usa el truco de imaginar qué te diría tu mejor amiga ante esos pensamientos.

TABLA DE PENSAMIENTOS TÓXICOS **El caso de Catalina**				
SITUACIÓN	PENSAMIENTO TÓXICO	MALESTAR 0-10	PENSAMIENTO SANO	MALESTAR 0-10
1. Salgo a la calle con un vestido que no me gusta.	Me parece que ese hombre piensa que soy una gorda asquerosa.	9	No sé lo que piensa ese hombre de mí. Tal vez esté triste. Al final, la gente piensa en ella, en sus problemas. Si odio ese vestido, puedo tirarlo y ponerme prendas con las que me sienta bien. Y, si no tengo, ¡me voy de compras!	4
2. He escrito a mi novio y no me contesta.	Ya ha pasado una hora. Creo que no le atraigo lo suficiente... Me va a dejar.	8	Me quiere mucho y me lo demuestra cada día. Estamos genial, y no hemos discutido. Llevamos cinco años juntos. Eso me pasa por mi miedo al abandono de la infancia. Ahora está trabajando, me responderá cuando pueda. Tengo que calmar mi angustia. Para ello, hago un par de relajaciones profundas y no le pregunto por qué no me ha contestado.	4

Hay un antes y un después en la vida de mis pacientes después de hacer este ejercicio. Recuerda que puedes escoger la gasolina que le das a tu cerebro. ¡Los pensamientos son la clave de la vida!

Las creencias tóxicas en el amor

Necesitas desterrar las creencias tóxicas que tengas sobre ti, sobre los hombres o sobre el amor, aquellas ideas limitantes, erróneas, que has interiorizado y que, de forma inconsciente, no te permiten encontrar el amor. Estos pensamientos suelen basarse en experiencias vividas, algunas transmitidas por tus padres o por personas que han influido en ti. Las creencias son el mapa de ruta para desenvolverte en la vida: te limitan y te restan poder como mujer. Si no tienes un buen mapa, acabarás en una isla pirata, perdida y frustrada, y no sabrás volver a casa.

¡Cuidado con el síndrome de las falsas memorias! Lo descubrió Elisabeth Loftus, psicóloga y experta mundial en el tema. En sus estudios, concluyó que el ser humano es capaz de recordar algo que no ha sucedido, es decir, puedes creer que es cierto un pensamiento malo repetido cien veces. Por ejemplo, fruto de malas experiencias pasadas, puedes soltar una generalización como «Todos los hombres son malos», y eso no es cierto. Claro que hay capullos, pero también hay tipos maravillosos. Confía en mí, ¡solo es cuestión de encontrarlos!

Alucinarás con lo que vas a leer a continuación. Estas son frases que me han dicho algunas de las mujeres que he conocido. Marca con una × las creencias tóxicas con las que te sientas identificada:

- ☐ No tengo una buena formación ni el estatus social necesario para acceder a un círculo de hombres determinado. Debo conformarme con menos de lo que deseo.
- ☐ Estoy sola y sin pareja porque soy una solterona derrotada. Acumulo una lista infinita de fracasos amorosos. Nadie me quiere porque soy fea, gorda e inútil.

- ☐ Se me pasa el arroz y me gustaría ser madre. Pero no quiero estar sola, me aterra la soledad, así que me quedaré con el primer hombre que pase, da igual cómo me trate.
- ☐ Siento que el hombre con el que salgo me utiliza. Quiero una relación de pareja con él, pero él conmigo no. Es mejor tener solo sexo que nada.
- ☐ No le gusto al hombre que quiero, así que no soy digna de ser amada. Nadie me querrá, ¡doy asco!
- ☐ Persigo al hombre que me gusta: conseguiré una cita con él, se enamorará de mí y seremos pareja.
- ☐ Mi paciencia, arte amatoria y amor incondicional harán que el hombre que me gusta se enamore de mí.
- ☐ Cuando me case y forme una familia, seré feliz y se acabarán todos mis problemas.
- ☐ El hombre con el que quedo no me da lo que quiero, pero, si le ofrezco muy buen sexo, con el tiempo cambiará.
- ☐ Si fuera más atractiva y joven, no tendría problemas para encontrar pareja, y mi autoestima estaría mucho más alta.

Si te has sentido identificada con alguna de las creencias tóxicas que acabo de exponer, debes hacer un ejercicio para reformularlas en positivo. Con ideas tan negativas sobre el amor, caerás en brazos de hombres que no te darán lo que necesitas o mantendrás relaciones potencialmente abusivas.

Las películas de Hollywood, los cuentos de princesas Disney y el concepto del amor romántico de la sociedad actual han añadido más leña al fuego y han generado, si cabe, más creencias tóxicas entre las mujeres: «El amor todo lo puede», «Hay que aguantarlo todo por un hombre», «Hay que sufrir por amor», «Somos la media naranja de un hombre», «Quien bien te quiere, te hará llorar», «Encontrar el amor es lo más importante en la vida de una mujer»…

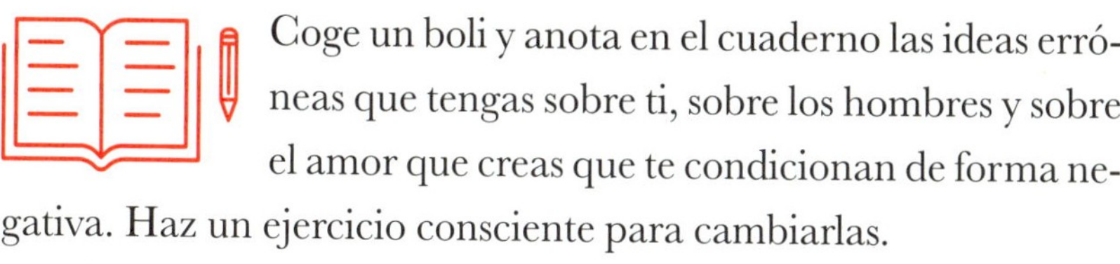

Coge un boli y anota en el cuaderno las ideas erróneas que tengas sobre ti, sobre los hombres y sobre el amor que creas que te condicionan de forma negativa. Haz un ejercicio consciente para cambiarlas.

Una vez que identifiques y trabajes esas ideas malas que tenías sobre ti, sobre los hombres y sobre el amor, podrás seleccionarlos sintiéndote mucho mejor.

CONFESIONARIO DE LAS CREENCIAS TÓXICAS
LA HISTORIA DE EUGENIA

Eugenia tenía treinta y cinco años, y vivía en Dubái. Contactó con mi clínica porque quería empezar la terapia online conmigo; deseaba trabajar su interior, mejorar su amor propio y su autoconcepto, y saber por qué siempre acababa destrozada por los hombres con los que salía. Su última relación, con Bruno, fue muy tóxica: no la dejaba salir con sus amigas, le puso un detective para comprobar dónde estaba, le instaló una app en el móvil para geolocalizarla… Eugenia no sabía cómo había podido permitir y normalizar esos abusos.

Analizamos muchas cuestiones, pero lo más llamativo fue la enorme lista de creencias limitantes que tenía sobre ella, el amor y su expareja. Algunas de las que trabajamos fueron las que he recogido en la siguiente tabla. Primero identificamos todas las ideas tóxicas que la ataban a la relación con Bruno y las cambiamos por otras más adaptativas que le permitieron reducir su miedo a no encontrar pareja y le enseñaron a quererse.

CREENCIA TÓXICA	CREENCIA SANA
Soy mayor para encontrar a alguien que me quiera.	Tengo treinta y cinco años. Aún puedo encontrar a alguien, pero lo importante es que yo me quiera.
No soy lo bastante atractiva para los hombres.	Voy a trabajar para sentirme más atractiva. Cada vez que me mire al espejo, me fijaré en lo que me gusta y me diré mensajes positivos.
Si fuera más delgada, atraería más a los hombres.	La relación con Bruno no era amor, era adicción emocional, y esa intensidad me estaba matando en vida. No quiero otra pareja como él. Debo dejar de engancharme a la toxicidad y romper el ciclo del abuso.
Las discusiones con Bruno eran muy intensas porque nos amábamos de verdad.	Bruno no me quería, solo se quería a sí mismo. Lo había idealizado por culpa de las hormonas del amor.
No volveré a tener un sexo tan apasionado como con Bruno.	El sexo era apasionado por el ciclo de ruptura-reconciliación habitual en las relaciones de maltrato psicológico. Da igual el buen sexo si me destroza la autoestima.

CREENCIA TÓXICA	CREENCIA SANA
La mala infancia de Bruno lo hace ser así.	No voy a justificar el abuso que recibí de Bruno por la infancia que tuvo. Que no supiera defenderme de sus ataques no le daba derecho a maltratarme.
Mejor tener a Bruno que estar sola.	Mejor estar conmigo, libre de abuso emocional. Me trabajaré para recuperarme y sanarme.
Nunca superaré la ruptura con Bruno.	Hoy me parece imposible, pero, con el tiempo, Bruno me dará igual. Es un proceso de duelo que dura unos meses.
Si Bruno no me maltratase, sería el hombre perfecto. En todo lo demás, encajamos.	Si Bruno no me maltratase, no sería él. La base de una relación sana es que me sienta bien y saque lo mejor de mí.
No podré ser madre, se me pasará el arroz.	Si quiero ser madre, hay muchas opciones, como congelar óvulos y dejarlo para más adelante, por si encuentro a alguien. También puedo ser madre monoparental o adoptar a un bebé.

¿Ves la diferencia entre estas columnas? Es alucinante. Tienes que cambiar las ideas tóxicas por otras sanas. Las creencias buenas siempre debes formularlas en términos positivos: en vez de decirte «No soy tonta» (el cerebro borraría el «no» y codificaría «Soy tonta»), es mejor «Soy lista y capaz». ¿Ves la diferencia?

LA DAMA DE HIERRO DICE:
«¡TENGO UNA PREGUNTA EXTRA PARA TI!»

MI QUERIDA GUERRERA, ¿qué hubieras hecho en este caso?

a) Te castigas, piensas que el error es tuyo y vuelves con Bruno. Es tan romántico que te ponga un detective para espiarte... ¡No todos los hombres lo harían!
b) Sigues con la terapia, te tratas bien y aprendes a hacer un buen casting del amor para la siguiente vez.
c) Le pones un detective a Bruno, a lo Sherlock Holmes, para que se dé cuenta de que lo amas de verdad. ¡Menuda toxicidad!

¡Espero y deseo que hayas marcado la opción B! Como hayas elegido la A o la C, ¡ven a verme que vamos mal!

Una vez que no tienes pensamientos ni creencias tóxicas, pasemos a cómo controlar las emociones.

3. Gestión emocional. ¡Cálmate!

La gestión emocional es otra de las variables para tener autoestima. ¡Es básico! Existen dos formas de gestionar las emociones:

- **Autorregulación (cálmate a ti misma).** Por ejemplo, has cometido un error en el trabajo y te dices: «No pasa nada. Soy humana, a veces me equivoco». Si no sabes hacerlo, te entrará la ansiedad, y eso será perjudicial tanto para ti como para tu autoestima.

- **Corregulación (cálmate gracias a otra persona).** Se da cuando buscas ayuda en los demás para sentirte más tranquila y calmarte. Por ejemplo, has cometido un pequeño error de ortografía en un informe de trabajo, se lo comentas a tu pareja para que te calme y te dice: «No pasa nada, no es grave. Una falta así la comete cualquiera», de manera que te serenas, ya que sabe qué decirte para que te calmes. En cambio, si te soltase: «Te van a despedir, es un error gravísimo. Con tu experiencia, esa falta de ortografía es inadmisible», te estaría inestabilizando aún más. Por lo tanto, no sería una fuente de calma, sino de intranquilidad.

  El problema en este caso es que intentas que los demás hagan el trabajo interno que deberías hacer tú. Le pasas a tu pareja tu patata caliente emocional, que no deja de crecer, en vez de reducirla por ti misma. A veces, cuando te sientes mal, puedes recurrir a los demás, pero has de aprender a gestionar tus emociones sola. Saber serenarse es primordial para ser fuerte y afrontar las situaciones que generan malestar.

Las emociones son las reacciones o respuestas a una situación del exterior, sensaciones que aparecen ante un hecho concreto, pero lo curioso es que también somos capaces de crearlas. Por ejemplo: puedes tener un pensamiento tóxico, como «Mi novio me va a dejar», y generarte malestar por esa creencia irracional.

En 1972, Paul Ekman, uno de los psicólogos más influyentes del siglo XX, identificó las seis emociones básicas universales. Según sus estudios, son el miedo, la tristeza, la ira o la rabia, la alegría, la sorpresa y el asco. Hay otras emociones complejas, dado que la felicidad no se entiende del mismo modo en todas las culturas, o bien porque se combinan dos emociones básicas, como tristeza e ira.

No hablamos de emociones negativas: todas son positivas, todas nos mandan un mensaje. En vez de llamarlas «negativas», tendríamos que referirnos a ellas como desagradables. Por ejemplo:

- **Mensaje de la tristeza:** tenemos que llorar una pérdida y pasar el duelo.
- **Mensaje de la ira:** alguien vulnera nuestros derechos y no nos respeta.
- **Mensaje del miedo o la ansiedad:** estamos en una situación de riesgo.

Es muy importante que aprendas a escuchar tus emociones, que no las anules ni permitas que otros las invaliden. En ese caso, estarían usando una técnica de manipulación emocional.

Y tú, ¿eres más emocional o racional? Si eres más emocional, te dejas llevar por tus sentimientos o sensaciones y reaccionas a ellos con mayor intensidad que una persona más racional. Esta será más práctica, equitativa y enfocada en sus objetivos. También puede que tengas una mezcla de ambos perfiles. En cualquier caso, debes aprender a gestionar las emociones.

El semáforo emocional

Imagínate que tienes un semáforo emocional dentro de ti. Siguiendo la analogía del funcionamiento del semáforo de tráfico, hay tres niveles o zonas: verde, naranja y roja.

- **Verde** (estás tranquila). El nivel de malestar se situaría entre el 0 y el 4. No es mucho, te sientes calmada. Si estás conduciendo y ves el semáforo en verde, puedes seguir circulando.
- **Naranja** (estás en ebullición). El nivel de malestar sube considerablemente, estaría entre el 4 y el 7. Se considera la zona previa al estallido. Si estás conduciendo, tienes que detener el coche, no acelerar (*ains*, cómo se nota la ansiedad en la carretera...). Con el semáforo emocional ocurre lo mismo: si está en naranja, detente y cálmate antes de explotar.
- **Roja** (explotas). Te sientes fatal, tienes un nivel de malestar de entre 7 y 10, el máximo. Según la emoción, quizá te dé un brote de ira, de ansiedad o de la sensación desagradable que sientas en ese momento. En este nivel, casi no hay nada que hacer: se desconecta el lado lógico (zona prefrontal) y se sobreactiva la amígdala (zona emocional). Puedes soltar por la boca lo más grande y luego, cuando te calmas, arrepentirte de lo que has dicho.

EL SEMÁFORO EMOCIONAL

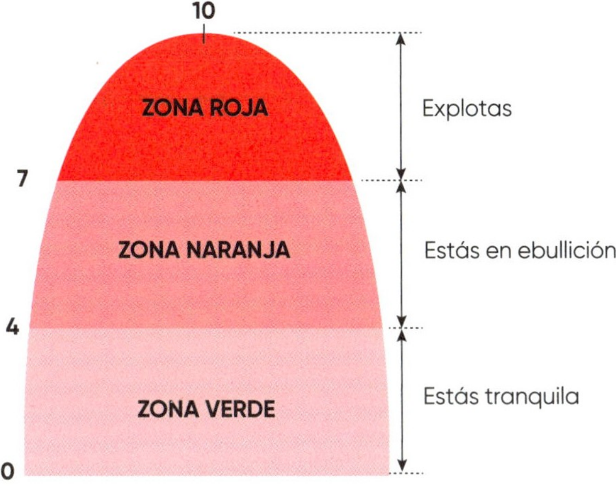

El truco sería el siguiente: cuando te encuentres en la zona naranja, ponte lo que llamo las «tres vacunas» para reducir el malestar y volver a la zona verde: cambiar o detener los pensamientos negativos, hacer relajaciones y poner en práctica acciones que te ayuden a calmarte de nuevo.

IDEAS CLAVE
TRES VACUNAS PARA REDUCIR EL MALESTAR

- **Pensamientos.** Puedes usar tres técnicas para calmarte:
  - **Racionalización.** Cambia el pensamiento negativo por otro positivo. Ya lo hemos visto, lo puedes registrar en la tabla.
  - **Parada de pensamiento o técnica del *stop*.** Dibuja una enorme señal de *stop* en tu mente y dite «PARA». Después, vuelve a centrarte en lo que estabas haciendo. Esta técnica es tan importante que los budistas la usan cuando necesitan seguir centrados en el presente.
  - **Relativización.** Si estás supermotivada con esta parte, voy a hacerte un regalo: entra en YouTube y pon en el buscador «Lara Ferreiro. El poder de relativizar: la regla del 10-10-10». Allí encontrarás un vídeo explicativo muy detallado sobre esta técnica para calmarte.
- **Relajaciones.** Haz dos, la de día y la de noche:
  - **De día**, **«5 × 5».** Practica esta respiración tantas veces como quieras, sola o acompañada (¡nadie se dará cuenta!). Inhala por la nariz profundamente y retén el aire

cinco segundos. Luego, expúlsalo por la boca muy despacio. Repítelo cinco veces.

   – **De noche.** En mi canal de YouTube encontrarás muchas relajaciones nocturnas. Si pones en el buscador «Lara Ferreiro. Relajación y meditación guiada para la ansiedad y dormir», verás un vídeo de unos catorce minutos en el que aparece una mujer rubia en la portada. Túmbate en la cama o siéntate en una silla, cierra los ojos, respira de forma pausada y escucha el audio. Lo puedes hacer una vez al día.

- **Acciones.** Es lo que harás para calmarte: hablar con alguien por teléfono, irte a dar un paseo, hacer deporte o poner límites a alguna persona.

Cuando tengas el malestar en naranja o rojo, recurre a estas herramientas y usa las tres vacunas para bajar al color verde y volver a sentirte bien.

El arte de vivir en el presente

El monje más feliz del mundo, Mathieu Ricard, se sometió a una prueba cerebral junto a algunas de las personas más influyentes del planeta y se concluyó que, cuando meditaba, a él se le activaba más la zona de la felicidad, de ahí su nombramiento.

En la actualidad vive en Nepal. Tuve la inmensa suerte de conocerle en un congreso sobre psicología positiva y felicidad, y me dijo que la clave de su felicidad era que nunca iba al pasado ni al futuro con los pensamientos, que todo estaba bien en el presente. Cuando le venía un pensamiento pasado o futuro, no se enganchaba a él, lo dejaba ir.

Una persona que se va al pasado tiende a la depresión. Por ejemplo, te echas en cara: «Tendría que haber participado en otra carrera más» y años después sigues machacándote. Si va al futuro, tiende a la ansiedad: «Me van a despedir y no llegaré a fin de mes». La clave de la vida y la felicidad es vivir en el presente.

Veamos cómo Eva aplicó las tres vacunas en una situación laboral para recuperar la paz.

CONFESIONARIO DE LA AUTOCALMA
LA HISTORIA DE EVA

Eva era mi paciente, y ya le había enseñado el método de las tres vacunas. Un día, mientras estaba en una reunión de trabajo, sin venir a cuento, su jefa la mandó callar delante de sus compañeros: «Cállate, eres una inútil». Esa situación le generó un nivel de malestar muy alto, 9/10, zona roja total. Automáticamente, su pensamiento tóxico fue: «Mi jefa tiene razón, soy una inútil y lo hago todo fatal».

Enseguida se dio cuenta de que era un pensamiento erróneo y lo transformó en la siguiente idea sana: «Llevo más de diez años en esta empresa, soy muy capaz. Tengo a treinta personas a mi cargo. Quizá mi jefa está enfadada por otra cosa y lo ha pagado conmigo. En cualquier caso, no tiene derecho a decirme eso ni a descalificarme en público».

Después hizo una parada de pensamiento para no entrar en un bucle obsesivo: dejó de pensar en eso y se centró en la reunión.

Luego aplicó el 5 × 5 (la relajación de día que hemos visto, una técnica invisible que se puede hacer en cualquier momento) y esa noche, cuando llegó a casa, hizo la relajación nocturna de mi canal de YouTube.

Al día siguiente pensó que le faltaba la acción para terminar de calmarse. Cuando vio que su jefa estaba sola en el despacho, fue a hablar con ella. Primero le preguntó qué le había pasado para reaccionar así y después le puso un límite muy claro: que no volviera a descalificarla en público. Si pensaba que debía mejorar algo, podía decírselo tranquila, a solas, en las reuniones de rendimiento mensuales. Al hacer todo esto, Eva se quedó en un 2 de malestar. Bajó de 9 a 2, siete puntos menos. ¡Se autorreguló a la perfección!

LA DAMA DE HIERRO DICE:
«¡TENGO UNA PREGUNTA EXTRA PARA TI!»

MI QUERIDA GUERRERA, ¿qué hubieras hecho en este caso?

a) Mandas bien lejos a tu jefa y le montas un pollo del quince delante de todos, en plan chunga de barrio.
b) Pones en práctica el método de las tres vacunas para calmarte y marcarle límites.
c) No te presentas a la siguiente reunión de equipo como método de protesta y no le hablas en un mes. ¿Quién se ha creído que es para tratarte así?

¡Espero que hayas marcado la opción B! Si has elegido la A o la C, sigue leyendo con mucha atención.

Ya hemos visto la autoeficacia, el diálogo interior y la gestión emocional. Si ya has aprendido a tranquilizarte, pasemos al siguiente ingrediente, el autorrespeto. ¡Queda poquito para acabar el pentágono de la autoestima!

4. Autorrespeto. ¡Pon límites a los demás!

Este es el cuarto ingrediente secreto de la autoestima. Implica saber dar tu opinión, negarte a algo y marcar límites. Cuanto mejor lo hagas, mayor será tu autoestima. Si alguien te trata mal, díselo, no se lo permitas. ¡No hay nada más sexy que aprender a marcar límites a los demás! Un hombre me llegó a decir que lo que le enganchaba de una mujer era que lo pusiera en su sitio y no le pasara ni una. ¡Toma ya!

En este vértice del pentágono aprenderás a elevar tu autorrespeto para no permitir que nadie te trate mal y a alejarte de situaciones que te humillen. En terapia veo a muchas mujeres que se denigran con tal de intentar gustar a un capullo. Aprende a poner límites. ¡No te detengas, querida!

Los tres estilos de comunicación: ratón, delfín y león

Estate muy atenta a lo que voy a contarte. Existen tres estilos de comunicación: ratón, delfín y león. En esta teoría hago una comparativa con estos animales para que el aprendizaje sea más didáctico. Y no la encontrarás en ningún otro sitio, porque es de cosecha propia. A lo largo de los años, he comprobado con mis pacientes que explicar esta teoría con la metáfora de los tres animales da buenísimos resultados y se les queda en la cabecita. A continuación te detallo cómo es cada perfil, con sus diferentes estilos comunicativos.

- **Ratón.** En psicología, su nombre técnico es «pasivo sumiso». Estas personas permiten que las traten mal e intentan pasar desapercibidas. El ratón suele pensar más en los otros que en él, no da su opinión por miedo al rechazo o al abandono y acaba haciendo las tareas de los demás. Muchos tienen una baja autoestima. A largo plazo, la principal ventaja, aunque no la considero como tal, es que evitan los conflictos, pero acaban anulándose.
- **Delfín.** En psicología, este perfil se conoce como «asertivo». Representa el equilibrio perfecto, ya que está entre los pasivos y los agresivos. Estas personas dicen lo que piensan, no se dañan a sí mismas ni destrozan a los demás. Son equilibradas, con una alta autoestima. Lo ideal sería tener en este perfil gran parte del tiempo. Como sabiamente afirmaba Aristóteles: «En el término medio, está la virtud». Es mi animal favorito, según dicen, el más inteligente del planeta, así que es el perfil ideal de mi imaginario.
- **León.** En psicología, su nombre técnico es «agresivo». El león es el rey de la selva. Estas personas imponen su criterio y no respetan la opinión de los demás. Tienden a levantar la voz; si les llevas la contraria, se ponen agresivas; y enseguida muestran cólera e ira, dado que no saben controlar sus impulsos. Suelen tener éxito en los negocios o a nivel social, pero dejan muchísimos cadáveres por el camino. Consiguen sus objetivos porque, para ellos, el fin justifica los medios. Es el perfil contrario al ratón.

Habría un cuarto perfil, el **ratón-león**, conocido en psicología como «pasivo-agresivo». En él entran las personas que se callan durante un tiempo y, de repente, explotan con una reacción desproporcionada. El motivo de la explosión es la gran cantidad de ira que acumulan por permitir en el pasado situaciones que no deberían haber consentido.

Aunque en términos generales tendríamos que estar en el delfín, en el centro, lo interesante de la comunicación es que podemos elegir. Por ejemplo, si estoy en el trabajo y veo que están despidiendo a muchas personas, quizá yo sea la siguiente, así que a lo mejor me interesa ser ratón, tener un perfil bajo. ¡El horno no está para bollos! En cambio, si me encuentro entre leones y veo que están a punto de comerme viva, puedo sacar a mi león de forma consciente para que no me pisen.

Lo interesante es que, según las circunstancias, adoptes un perfil u otro. Por lo general, la gente no sabe elegir de forma consciente: se calla porque no es capaz de poner límites o le sale el pronto agresivo y luego se arrepiente. Muchas veces dice cosas que no debería. Lo importante es que sepas elegir el perfil y adaptarlo a cada situación según lo que quieras en ese momento. La clave está en ser una persona emocionalmente inteligente.

¿Cómo eres tú, ratón, delfín o león?

Primero, analiza el perfil de Claudia para hacerte una idea de cómo tendrás que resolver el ejercicio. Más adelante encontrarás una plantilla para que hagas el tuyo.

EL PERFIL DE CLAUDIA

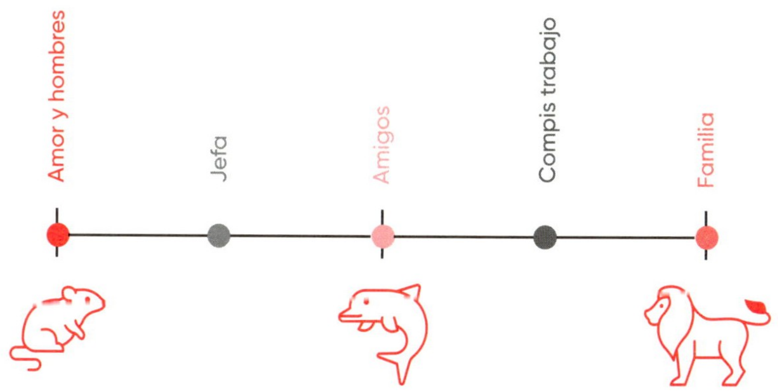

¿Qué crees que tendría que trabajar? ¿En qué áreas puede tener problemas de límites?

Si lo analizo con ojos de psicóloga, Claudia tiene problemas para poner límites en el amor y con los hombres:

- Podría estar aguantando situaciones de abuso en el terreno amoroso, ya que está en el extremo del ratón.
- Tendría que cambiar la forma de relacionarse con su jefa: a veces está más en la sumisión del ratón y tendría que irse un poquito más hacia el delfín.
- Debería reducir un poco la agresividad con sus compañeros de trabajo.
- Con sus amigos, tiene un comportamiento ideal.
- Claudia me contó que ha elegido ser león con su familia de origen porque la machacan desde pequeña. Esa parte no la quiere cambiar, considera que es donde tiene que estar.

Ahora te toca a ti: piensa si eres ratón, delfín o león con tu pareja o en el terreno amoroso, con tus jefes, con tus compañeros del curro, con tus amigos y con tu familia, y márcalo. Puedes estar entre dos perfiles o donde quieras. Hay personas que me dicen que están en un extremo y en el otro, que son más ratón-león.

LOS 3 ESTILOS DE LA COMUNICACIÓN

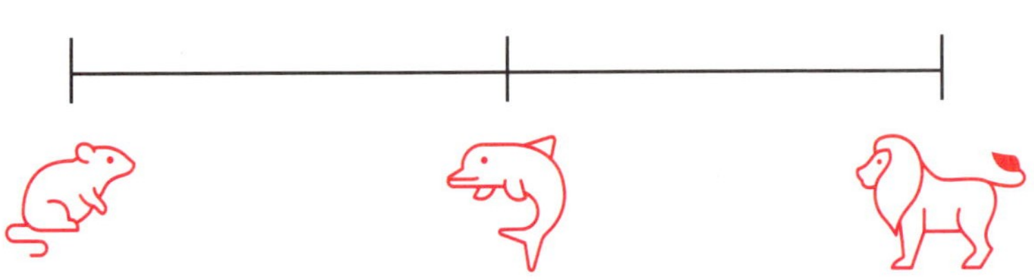

Analiza en qué áreas tendrás que trabajar y dónde deberás marcar límites. Anota en una lista lo que harás a partir de ahora para expresar tu opinión y decir que no a las personas de tu entorno.

Ahora que ya pisas fuerte por la vida, hemos llegado al templo de la belleza exterior, el último ingrediente de la autoestima: la autoimagen. Cuanto más bella te veas por fuera, más positivo será para tu autoestima y tu satisfacción personal.

5. Imagen física. ¡Siéntete sexy!

Este es uno de los temazos del momento. Ni te imaginas la de mujeres que vienen a terapia porque no aceptan su cuerpo o no se ven lo bastante bonitas…

Vivimos en una sociedad en la que a la mujer se le exige ser delgada, guapa, emprendedora, deportista, con deseo sexual… En todos los aspectos, la exigencia hacia nosotras es muchísimo más alta que hacia los hombres. Hace poco estuve en un programa de televisión en el que suelo colaborar, y los datos que analicé fueron alucinantes: al 90 por ciento de las españolas les gustaría verse más delgadas.

Con esta sobreexigencia, es normal que, cuando muchísimas mujeres se miran al espejo, se machaquen. Incluso algunas pueden llegar a la atelofobia, el síndrome de la perfección: nunca se ven lo bastante bellas o caen en trastornos de la conducta alimentaria, como la anorexia, ese monstruo que te devora la cabeza y te dice que no estás lo suficientemente delgada. En terapia he tenido a modelos que, por muy bellas que sean por fuera, se desprecian.

En nuestra sociedad también hay un claro edadismo, es decir, se rechaza a las personas por su edad, en especial a las mujeres. De hecho, muchas me dicen que a partir de los cuarenta y cinco años, a veces antes, se sienten feas, inservibles y viejas, y que por ese motivo las han rechazado en trabajos o incluso su pareja.

Ahora bien, antes de ponernos a trabajar tu aceptación corporal, me gustaría preguntarte si te alimentas de forma saludable, duermes ocho horas y bebes dos litros de agua al día. Estos hábitos son fundamentales para cuidar el cuerpo y la mente. Al nacer, nos dan un Ferrari, nuestro cuerpo, y debemos cuidarlo. Tienes el cuerpo que te ha tocado, no puedes devolverlo a la fábrica ni cambiarlo por otro, así que de ti depende mantenerlo sano y darle la mejor gasolina. Es el vehículo que te llevará hasta que seas viejita. De ahí la importancia de cuidarte y cuidarlo.

Espejito, espejito...

Independientemente del cuerpo y la edad que tengas, quiero que hagas un trabajo en el espejo, que te mires, que te hables bien, que intentes trabajar —o aceptar— esas cosas de tu cuerpo que no te gustan. Para eso, es importante sentir gratitud. Por ejemplo, una persona que critique sus piernas porque no le gustan puede llegar a la conclusión autocompasiva de que, gracias a ellas, puede andar, mientras que hay quienes no pueden hacerlo. Te recomiendo que, cada vez que te mires al espejo, te centres en lo que te gusta de ti.

Casi estamos al final de este segundo anillo. ¿Cómo te sientes, campeona? Quiero que siempre cuides los cinco ingredientes del pentágono de la autoestima. Tendrás que trabajarlos día a día para que la receta te quede perfecta y equilibrada.

¡Enhorabuena, ha llegado la hora de tu recompensa! Como estamos a mitad de camino, te mereces invertir un tiempo en mimarte.

TAREA EN ACCIÓN
SACA A LA DIOSA QUE LLEVAS DENTRO

Ha llegado el momento de premiar tu esfuerzo. Me siento muy orgullosa de ti, lo estás haciendo genial, pero antes de enseñarte a hacer el casting del amor e irnos de citas, quiero que, durante las próximas semanas, reserves momentos para quererte y ¡sacar a la diosa que llevas dentro!

Marca con una × las acciones que vayas poniendo en práctica. Puedes hacer una o dos cada semana para valorar tu esfuerzo en el programa. Te sugiero estas veinte acciones de autocuidado:

- ☐ Vete a la pelu de moda y hazte un corte que te favorezca, o cambia de color.
- ☐ Contrata una sesión de estilismo: ve de compras y regala toda la ropa que no te guste o no saque a la reina que llevas dentro.
- ☐ Prepárate un baño con velas y música relajante después de tu jornada laboral.
- ☐ Regálate algo que te encante, algo que quieras desde hace tiempo. No pasa nada si se sale un poco de tu presupuesto. ¡Te lo mereces!
- ☐ Haz una lista de tus treinta logros que te hacen sentir orgullosa y léelos en voz alta (a solas).
- ☐ Llama a cinco personas que quieras mucho y diles cinco cosas que te gusten de ellas. Después, pídeles que te digan cinco cosas que les gusten de ti.
- ☐ Regálate un superpastel. Ve a tu pastelería favorita y cómete el trozo de tarta que más te apetezca.
- ☐ Cómprate un perfume que te flipe para ponértelo en las citas que tendrás.
- ☐ Regálate flores, como Miley Cyrus en la canción de *Flowers*. Llena tu casa de tus flores favoritas y, si te sientes motivadísima, redecórala.
- ☐ Ve a un buen sitio de masajes, inspira profundamente y déjate envolver por el efecto relajante de este arte manual.
- ☐ Sal a la naturaleza y conecta con la paz que ofrece caminar entre los árboles o por las montañas.
- ☐ Crea una nueva lista de música que te haga sentir superbién. Escúchala en casa y baila delante del espejo para conectar con tu parte más libre y salvaje.

- ☐ Hazte un *book* de fotos profesional con un buen fotógrafo en las que te veas realmente bien. Podrás usarlas en las aplicaciones de citas.
- ☐ Abraza a tres personas que quieras mucho durante más de treinta segundos y siente en el cuerpo el efecto de la oxitocina, la maravillosa hormona del amor. Tiene poder anestésico y es un relajante natural.
- ☐ Regálate un desayuno especial. Empieza el día yendo a la cafetería más bonita de tu zona a degustar esos manjares.
- ☐ Compra entradas para un buen musical, concierto, exposición o cualquier plan que te apetezca.
- ☐ Ve al cine sola. Cómprate palomitas y rompe la barrera del miedo a la soledad o a qué pensarán los demás. ¡Sal de tu zona de confort!
- ☐ Ve a una tienda de lencería y elige algo que te guste. ¡Siéntete bella por fuera y por dentro!
- ☐ Si quieres, ve a hacerte la manicura y la pedicura. Ponte un color que te dé seguridad y poder. Según la colorimetría, el rojo transmite mucha fuerza.
- ☐ Haz algo por la comunidad: apúntate a una ONG y ayuda a las personas que lo necesitan. ¡Es muy gratificante!

Si quieres seguir añadiendo elementos a la lista, puedes hacerlo, tantos como quieras.

No te olvides de cuidarte. La relación más importante en tu vida es contigo. Y ahora sí que sí, ¡felicidades, has terminado el segundo anillo! ¡OLÉ, TÚ! Sigue con esta fuerza, mi guerrera. Estoy a tu lado, no te suelto.

En el siguiente anillo verás cómo hacer un buen casting del amor.

Mi querida guerrera:
Comparte conmigo todo lo que has hecho para sacar a la diosa que llevas dentro y cuéntame cómo va tu proceso de autoestima. También puedes mandarme cualquier ejercicio de este anillo o de otros, incluso tu historia, como en el apartado Confesionario. Cuando lo reciba, te daré mi valoración o mis sugerencias. Etiquétame en Instagram (@psicologa_laraferreiro) o cuéntamelo en una *story*. ¡Me encantará leerte! #ladamadehierro, #niuncapullomas, #amate, #guerreras.

Y ahora sí: ¿te quieres? ¿Estás preparada para empezar a buscar el amor?

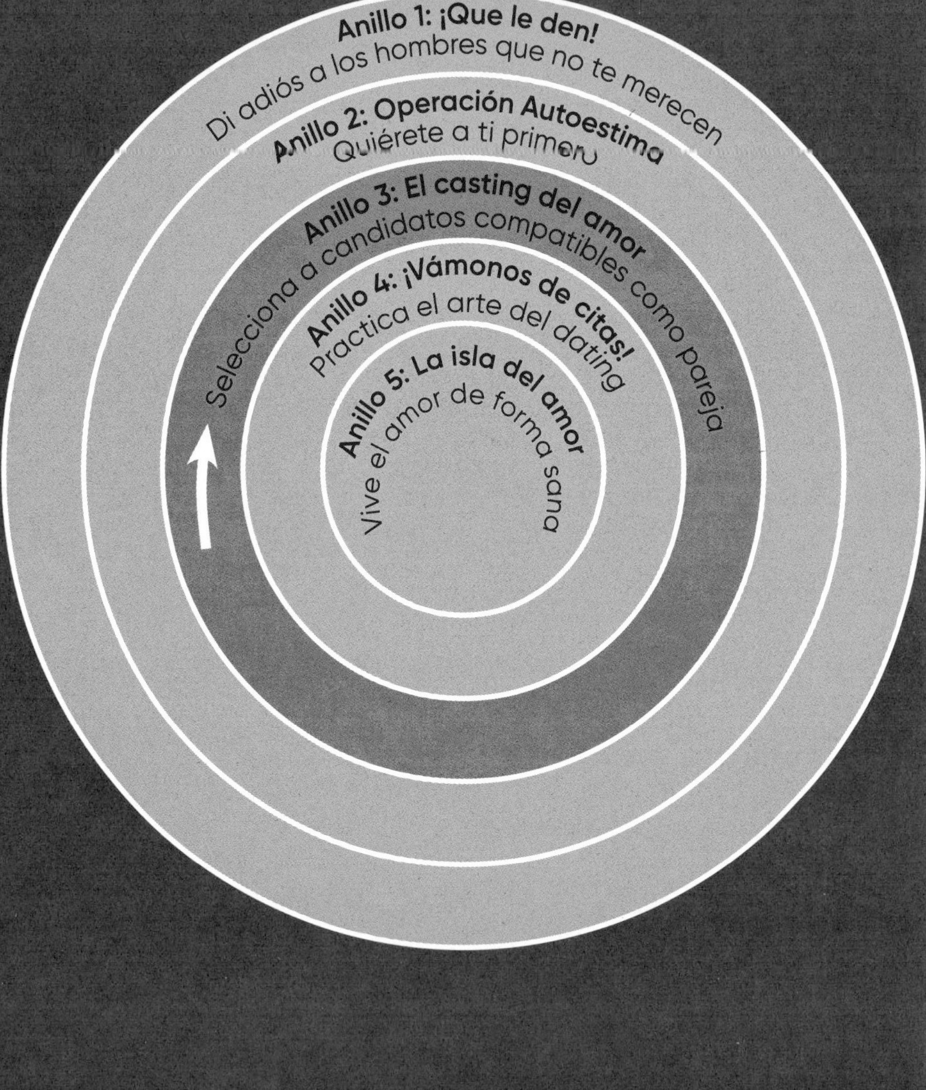

Anillo 1: ¡Que le den!
Di adiós a los hombres que no te merecen

Anillo 2: Operación Autoestima
Quiérete a ti primero

Anillo 3: El casting del amor
Selecciona a candidatos compatibles como pareja

Anillo 4: ¡Vámonos de citas!
Practica el arte del dating

Anillo 5: La isla del amor
Vive el amor de forma sana

3

EL CASTING DEL AMOR

Selecciona a candidatos compatibles como pareja

Mi querida guerrera, has llegado a la mitad del viaje, ¡empecemos el tercer anillo! Lo he llamado «El casting del amor», y en él te enseñaré a escoger a la pareja perfecta para ti.

Algunos psicólogos trabajan en el área de recursos humanos y se dedican a reclutar a los mejores candidatos para la empresa en cuestión, especialidad que se conoce como «psicología del trabajo». Pues en el amor funciona exactamente igual: tienes que activar tu lado lógico y racional durante el proceso de selección de la pareja perfecta. En este capítulo sacarás a tu cazatalentos o *headhunter* interior para elegir al hombre adecuado. Al final, la pareja es como una empresa tanto en lo emocional como en lo económico: podéis ganar mucho dinero juntos o acabar en la ruina metiéndoos en una vorágine interminable.

Tengo grandes noticias para ti: ¡en España nunca había habido tantos solteros disponibles! Según las últimas cifras publicadas por el Instituto Nacional de Estadística, en nuestro país hay catorce millones de solteros. ¡Estamos en máximos históricos! El 52 por ciento son hombres y el 49 por ciento, mujeres. Por primera vez en la historia de España, las cifras de solteros superan a las de casados, y tú solo buscas uno… Con este método, no te costará encontrarlo. ¡Confía en mí!

Mi querida guerrera, continúa leyendo y lleva por lema las cuatro premisas que verás a continuación.

IDEAS CLAVE
LAS CUATRO REGLAS DE ORO DEL BUEN CASTING DEL AMOR

Para seguir adelante con este tercer anillo, debes cumplir estas cuatro reglas.

1. **Libérate de tu pasado.** No tengas cuentas pendientes con nadie ni guardes a hombres en la recámara para tener sexo con ellos. ¡Libre como el viento, a lo María Sarmiento!
2. **Sé flexible.** Usa tanto el método de ligoteo tradicional como las aplicaciones. No descartes nada.
3. **Ten una actitud positiva**, fuerte y resistente para buscar a la persona adecuada para ti.
4. **Actúa:** invierte tiempo en quedar y hablar con los hombres.

Si ya has interiorizado estas cuatro reglas de oro macizo de dieciocho quilates, sigue devorando el libro, que lo que viene a continuación es vital.

LA FÁBRICA EFERVESCENTE DEL ENAMORAMIENTO

Para hacer un buen casting del amor, debes entender la base biológica que explica cómo funcionan los procesos inconscientes a la hora de elegir a un hombre. No todos somos compatibles ni has de tener química con todos los tipos que conozcas. Una mujer inteligente lo sabe, vive el casting del amor de forma natural. Si no surge la chispa, no se lo toma como algo personal, no dramatiza. Es decir, no todos los hombres del planeta están destinados a ser tu persona ideal.

Si un hombre te rechaza por la razón que sea, no pienses que vales menos que otra mujer con la que sí quiera mantener una relación de pareja o con la que sí se encienda la chispa. Si te amas a ti misma, no permitirás que tu valor dependa de lo que diga un hombre que casi ni te conoce. Tu percepción sobre ti misma depende de ti, no de lo que piense u opine cualquier otra persona; viene de tu interior, no de fuera. ¡No regales tu poder!

Por nuestra biología, somos máquinas reproductoras. El enamoramiento es un mecanismo hormonal que favorece la reproducción y supervivencia de la especie, y la finalidad del ser humano es perpetuarla, de manera que busca una pareja con la que aparearse. De hecho, el cerebro sigue anclado en el Paleolítico: está preparado para garantizar la supervivencia de la especie humana, de ahí que las mujeres seleccionemos al mejor hombre, a aquel que tiene la mejor genética.

Como dice la antropóloga Helen Fisher, para que exista el amor tienen que activarse tres circuitos cerebrales:

- Deseo sexual o atracción.
- Amor romántico o enamoramiento.
- Apego o vínculo de pareja.

Es decir, para que una relación funcione y se despierten tus sentimientos hacia un hombre, primero tienes que desearlo, segundo enamorarte y tercero apegarte a él. Pero no siempre sucede así. En la pareja se necesita tiempo y esfuerzo para crear un vínculo profundo entre dos personas.

Si cada vez que no surge la química con alguien que te atrae te lo tomas como un rechazo o como algo personal, te convertirás en una mujer débil, fácil de manipular y vulnerable. Si has estado conociendo a alguien y no ha salido bien, no pienses que has fracasado, quizá sea una bendición; ese hombre no era para ti (créeme, si no, estaríais juntos). Tienes que verlo como un aprendizaje de vida. ¡Sigue avanzando con otros hombres!

IDEAS CLAVE
LAS HORMONAS DEL AMOR

Según diversos estudios, solo te enamoras de verdad tres veces en la vida. Existen varias sustancias químicas que pueden propiciarlo, aunque no es tan fácil… A continuación, veamos algunas de las hormonas que intervienen en el proceso:

- **Feniletilamina** (hormona del flechazo y la atracción física). Con ella puedes vivir experiencias parecidas a cuando tomas anfetaminas (drogas que jamás deberías probar): te sientes con mucha energía, intensifica las sensaciones del cuerpo y te pillas por el hombre que te las provoca. Por ejemplo, el chocolate tiene feniletilamina, ¡por eso hay muchas personas enganchadas al cacao *maravillao*! Algunas mujeres, cuando rompen con su pareja, toman más chocolate de la cuenta (que se lo pregunten a Bridget Jones) porque quieren mantener la sensación que les provocaba esta hormonita.

- **Estrógenos y testosterona** (hormonas sexuales). La cantidad de estas sustancias químicas aumenta durante el enamoramiento. Son las responsables de que cada dos por tres quieras tener sexo con ese hombre y de que se te despierte un deseo apasionado hacia él.
- **Feromonas** (hormonas del olor). Intentan despertar la atracción y el deseo en el otro cuando nos huele. Si te sientes atraída por el aroma de una persona, la culpa es de sus feromonas. Las hay de varios tipos, pero las más famosas son las copulinas (un nombre chistoso, lo sé): las segregan las mujeres por los poros de la piel y la vagina, y ejercen un efecto relajante en los hombres.
- **Oxitocina** (hormona del amor). No solo hay que sentir atracción, sino estar enamorada, y eso es algo un tanto más complejo. Las dos preguntas que más me hacen las mujeres en terapia son: «¿Cómo sé si he tenido un orgasmo?» y «¿Cómo sé si estoy enamorada?». Si me lo preguntan, mala señal, deberían saberlo… Si estás enamorada, sientes una fuerza magnética que te atrae hacia la otra persona. Cuando la ves, se te corta la respiración y notas mariposas en el estómago. Quieres cuidarla, te muestras cariñosa y deseas estar

con ella para siempre (y con nadie más). Cuando están muy enamoradas, muchas mujeres quieren ser madres (si no lo han sido ya), aunque no siempre y no todas.

- **Dopamina** (hormona del placer). Es como un estimulante para el cerebro: se encarga de la euforia que hace que siempre quieras estar con tu enamorado, incluso puedes llegar a obsesionarte con él. Tu mundo gira en torno a él. En su presencia, te aumentan la frecuencia cardiaca y la presión arterial.
- **Serotonina** (hormona del bienestar). Cuando te enamoras, te sientes optimista, estás de buen humor, alegre y satisfecha con la vida. ¡Es de color rosa! Por eso, si tu enamorado se aleja de ti, bajan los niveles y puedes sentirte muy triste, desconcentrada, angustiada, incluso deprimida. Es un anestésico natural del cuerpo para relajarnos cuando estamos *in love*.
- **Endorfinas** (hormonas de la felicidad). Hacen que te sientas satisfecha por estar enamorada y feliz, y te permiten relativizar las malas noticias. Alivian el dolor porque son un anestésico natural.
- **Vasopresina** (hormona de la fidelidad). Es la responsable de que, cuando te enamoras de verdad, no puedas ser infiel a esa persona. Nos convierte en monógamos y es la responsable de que la relación de pareja dure años.
- **Norepinefrina** (hormona del riesgo). Se encarga de la adrenalina, la hormona del riesgo, y hace que no te importe cruzar medio mundo para ver a tu amor. Te atreves a hacer locuras por él, desbordas efusividad y nerviosismo. Se te acelera el corazón en su presencia, incluso puedes perder el hambre y el sueño. Además, te ayuda a recordar todos los momentos vividos junto a él.

Aunque hay unos pocos afortunados que se sienten enamorados toda la vida, de media, el enamoramiento dura de seis meses a dos años. Lo normal son unos quince meses. ¿Cómo es posible? Conoces a un hombre, estás megaenamoradísima y, al cabo de trescientos sesenta y cinco días o menos, te parece que esa persona no es para tanto, a veces ni siquiera te gusta. *WOW*… Siempre me deja alucinada la bioquímica del amor. ¡Es como drogarse con sustancias legales!

No te recomiendo que tomes decisiones trascendentales —como casarte o tener hijos— hasta que no bajen los niveles de estas hormonas, para que veas la versión real de tu amorcito. Cuando nos enamoramos, todos estamos en campaña electoral y mostramos nuestra mejor versión, con mucho azúcar. ¡Espero que no te dé una hiperglucemia!

¿Por qué me atrae esa persona y no otra?

Helen Fisher, la antropóloga de la que ya te he hablado, estudió el circuito cerebral del amor, que es muy parecido en todos los humanos. Su objetivo era responder a la pregunta del millón: «¿Por qué te atrae él o ella y no otra persona?». En sus estudios concluyó que, en general, te enamoras de alguien de tu entorno socioeconómico, con una inteligencia similar, buen aspecto, mismo centro educativo… También influye que os parezcáis y tengáis los mismos objetivos en la vida. Además, lo que hayas vivido en la infancia tiene cierto peso para saber quién te atraerá como pareja. Sin embargo, lo fascinante es que puedes entrar en una sala en la que todos sean de tu entorno, con tu nivel de inteligencia y buen aspecto, etc., ¡y no enamorarte de nadie! ¿Por qué?

El mapa inconsciente del amor

A medida que crecemos, generamos de forma silenciosa lo que se llama el «mapa inconsciente del amor», una lista instintiva que recoge todo lo que nos atrae de una pareja. En ese mapa influyen la cultura, las vivencias, etc., aunque también podemos tener algunas nociones conscientes de qué perfil de hombre nos gusta.

Cuando conoces a alguien y de pronto encajan vuestros mapas inconscientes del amor, surge esa famosa chispa o aparecen las mariposas en el estómago. Por ejemplo, ves a un hombre en un supermercado, un concierto, un museo, un restaurante o donde sea. Él se acerca y, de forma inconsciente, vuestros mapas encajan por edad, tamaño, forma, entornos, etc. Entonces se te activa el circuito cerebral del enamoramiento: es lo que se conoce como «flechazo» o «amor a primera vista». Además de las variables culturales y biológicas, también influye la personalidad. Por ejemplo, las personas parecidas o los polos opuestos se atraen, aunque estos últimos tienen menos probabilidades de durar a largo plazo.

Hemos llegado al punto álgido para entender las claves que te permitirán hacer un maravilloso proceso de selección de potenciales parejas compatibles. Pero primero debes aprender a diferenciar la atracción de la compatibilidad.

DIFERENCIA ENTRE ATRACCIÓN Y COMPATIBILIDAD

Este punto es uno de los más importantes para hacer un buen casting del amor. Muchas mujeres confunden estos dos términos: «atracción» y «compatibilidad». ¡Aprende a diferenciarlos!

El flechazo o chispa es la atracción física que se genera en tu cuerpo cuando conoces a alguien que te encanta, como ya te he comentado. Sin embargo, esta sensación solo es la puerta de entrada, necesaria pero no suficiente. Dejar entrar a alguien en tu vida porque sientes esa atracción inicial es un gravísimo error. Hay mujeres que, cuando sienten esa química, se convencen de que es el hombre de sus sueños. Pero, en algunos casos, ¡se convierte en la pesadilla de su existencia! Se vuelven completamente irracionales e intentan acelerar el proceso de conocerse. Incluso pueden llegar a perseguirlo. En esos casos, él no se esforzará o podría llegar a manipularlas si sufren el famoso «efecto halo», que otorgan a ese hombre guapo o atractivo atributos o cualidades positivas que a lo mejor ni tiene.

Por su parte, la compatibilidad es la afinidad real que tenéis entre vosotros. La hay de dos tipos:

- **Diaria.** Compartís aficiones, vuestra relación es fácil de llevar: la fluidez, la comunicación, la comodidad y el entendimiento os salen solos. Os divertís juntos, tenéis valores e intereses comunes, sabéis comunicaros… Si aparecen los problemas, los resolvéis juntos.
- **A largo plazo.** Queréis y buscáis lo mismo, como casaros, tener hijos o formar un proyecto común. Si tú quieres una

cosa en la vida y él otra, jamás seréis compatibles, no te empeñes en cambiarlo.

Por supuesto, entre vosotros tiene que haber atracción, pero la compatibilidad es lo más importante. Darle más valor a esta cualidad mejorará tus procesos de selección de potenciales parejas y te ayudará a encontrar a la adecuada. Deja de basar tu criterio en la chispa. Desde ahora, conviértelo en un proceso intencional para valorar otras cualidades, como esta.

He creado este modelo explicativo para que te sirva como guía. ¡Se nota que estudié cuatro años de Ingeniería Industrial y sigo guardando una pequeña ingeniera en mi interior!

Gráfica del ligoteo: atracción compatible

- **Si tu nivel de atracción física no llega al 5**, estáis en la *friend zone*, sois solo amigos. No sigas quedando con él con la intención de ser pareja.
- **Si tu nivel de atracción física o química va del 5 al 7**, tienes tres opciones:
  - **Descartable** (menos de un 5 de compatibilidad): no vuelvas a quedar con él, un futuro juntos no es posible.
  - **Vigilado** (compatibilidad de 5 a 7): quedad un par de veces más, para ver si llegáis a ser compatibles con pequeños ajustes. Si no te convence, no vuelvas a quedar.
  - **Potencial.** Aunque no te atraiga físicamente, la compatibilidad entre vosotros es muy alta. A veces no hay esa química de fuegos artificiales, pero él se enamora y tú te acabas pillando de un hombre enamorado de ti que te cuida y te valora.

- **Si tu nivel de atracción física supera el 7**, tienes cuatro opciones:
  - **Ligue sexual o relación tóxica.** Entre vosotros no hay compatibilidad de ningún tipo, pero te pone *megahot* (o cachonda, que se dice ahora) y te parece guapísimo. Es un rollo sexual, nada más.
  - **Pareja** (menos de un año). Tenéis una compatibilidad media y te gusta mucho su físico. El problema es que, cuando disminuye la parte química del enamoramiento, que dura de uno a dos años, la relación se acaba porque se basaba en la atracción inicial más que en la compatibilidad.

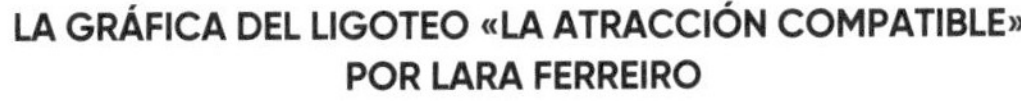

- **Boda e hijos o compañero de vida.** Te encanta su aspecto y hay una compatibilidad muy alta. ¡Sabrás que es el compañero de tu vida!
- **Unicornio** (*spoiler*, no existe). Te encanta a nivel físico, es un diez en atracción y compatibilidad. Lo tiene todo, por eso lo llamo «unicornio». Creemos que existen, pero nadie los ha visto. Si los encuentras, ese día juega a la lotería o al Euromillón… ¡Seguro que te toca!

Cuando conozcas a alguien, utiliza la cabeza, y más adelante ya decidirás si le entregas el corazón. Al principio, durante los tres primeros meses de la relación, te recomiendo que seas más racional: son los más peligrosos e inseguros al conocer a alguien. Cuando esa persona supere todos tus filtros y te demuestre que se merece tus sentimientos, dáselos poco a poco, pero recuerda que el amor hacia ti estará siempre por encima del amor hacia el otro. No te dejes emborrachar por las hormonas del amor: si te invaden, desintoxícate. ¡Contrólalas, son muy puñeteras!

Las mujeres se enamoran de lo que les gusta y de cómo es ese hombre, no de lo que les da. Por mucho que te encante porque cumpla tu «lista de la compra», si te da poco o nada, no habrá mucho que hacer. Por eso, ¡menos fijarse en la química y más en la compatibilidad!

Saber dónde se produce el ligoteo aumentará tus probabilidades de rodearte de hombres compatibles. ¡Sigue leyendo!

DÓNDE LIGAR: MÉTODO TRADICIONAL VERSUS APLICACIONES DE CITAS

La pregunta del millón que más me hacen las mujeres es: «¿Dónde puedo encontrar a mi amor?». Siempre les explico que hay dos estilos: el método tradicional y las aplicaciones de citas. En realidad, no tienes que elegir, puedes combinarlos.

El método tradicional

Un famoso psicólogo australiano, Jeremy Nicholson, realizó un estudio publicado en *Psychology Today* sobre cómo se conocen las personas. En él determinó que los lugares a los que ir son diferentes si quieres pasarlo bien —un «aquí te pillo, aquí te mato»— o buscas algo a largo plazo. ¡Está todo estudiado!

Según Nicholson, si quieres un rollete, tienes que ir a bares, playas veraniegas, conciertos, discotecas y fiestas. En cambio, si buscas una relación de pareja a largo plazo, tendrás más probabilidades de encontrarla en gimnasios, reuniones de vecinos, cafeterías, librerías, clases (de baile, por ejemplo), grupos de senderismo, naturaleza o *running*, voluntariado, cursos, talleres… En esos lugares encontrarás a hombres con gustos similares a los tuyos. Por el sesgo de proximidad y semejanza, una persona te atrae si realiza las mismas actividades que tú porque todo es más real.

Lo que no te recomiendo es que busques ligue o churri en el trabajo: si te echas un novio dentro de tu ámbito laboral y cortáis, tendrás que verlo a diario, y eso puede generar mal ambiente para todos. Me he llegado a encontrar a mujeres que han dejado su puesto de trabajo por salud mental, ya que no podían superar el duelo ni soportaban ver a su ex ligando con otras en la oficina.

IDEAS CLAVE

SUGERENCIAS DE SITIOS PARA CONOCER A TU AMORCITO

- Gimnasios. Puedes apuntarte a clases colectivas para conocer a nuevas personas ahí o en la sala de máquinas.
- Clases de golf. Puedes apuntarte a clases o torneos donde, entre palo y palo, quién sabe si surge el amor.
- Galerías de arte. Tener intereses culturales parecidos a otras personas te acerca a poder hablar del tema y ligar.
- Eventos de emprendimiento, seminarios de desarrollo personal o espacios de *coworking* con agenda de eventos. Podrás conocer a muchos hombres con mentalidad similar con los que interactuar.
- Cafeterías. Ve sola, a ver cómo te sientes. Llévate el portátil y trabaja desde allí y, si te apetece, prueba a hablar con los hombres de tu alrededor.
- Restaurantes o pubs que tengan *happy hour*, la hora feliz. Las personas están relajadas e interactúan.
- Aeropuertos o aviones. Conozco a parejas que se han enamorado en algún vuelo. *Love is in the air!*
- *Matchmaking* (casamenteras): pagas a una empresa para que te presente a todos los solteros apuntados en esa agencia.

- *Speed dating*: citas rápidas que se celebran en restaurantes o lugares que se dedican a eso. Por lo general, hablas diez minutos con cada candidato que pasa por tu mesa. Si os gustáis, los organizadores harán el intercambio de teléfonos. Busca en tu ciudad dónde lo organizan, es divertido.
- Supermercados. Increíble pero cierto: muchas personas van al súper con la intención de ver qué surge entre la carnicería y la pescadería. ¡No desaproveches ningún lugar! Según lo que un hombre lleve en el carro de la compra, sabrás si está soltero. Si es así, suele comprar solo para él y lleva poca cantidad de cada producto. En España durate un tiempo estuvo muy de moda el «método de la piña» para flirtear en los supermercados. Consistía en coger una piña, ponerla boca abajo en el carrito de la compra y si otro hombre hacía lo mismo, y te gustaba, chocabais los carritos y empezabais a hablar. ¡Imaginación al poder!

La regla para conocer a personas nuevas es ¡sal y diviértete!

Coge tu cuaderno de ejercicios y haz una lista de los sitios a los que puedes ir para conocer cara a cara, de forma tradicional, a tu *machoman*.

Existen otras formas de ligoteo, como el de toda la vida: consiste en que tus amigos o familiares te presenten a sus conocidos. Habla con tu gente para ver si tiene un primo, amigo o conocido soltero. En esta vida, nunca se sabe dónde encontrarás el amor. Cada paso que des, ya sea pequeño o grande, te acercará a tu pareja vitamina. Al final, todos queremos lo mismo: amar y ser amados.

Si eres la reina del mundo online, te gustaría probar o darte una oportunidad digital, usa las aplicaciones en línea o redes sociales para ligar. ¡A por ello!

Las aplicaciones de citas

Corría el año 1995 cuando salió la primera aplicación para ligar y revolucionó para siempre la forma de conocer a potenciales candidatos para enamorarte. El ligoteo por apps online es el presente y el futuro para conocer a personas con intención romántica. Los datos son aplastantes: el 60 por ciento de las parejas actuales se conocen por internet (apps de citas o redes sociales). Los tiempos han cambiado y, como dijo Darwin, sobreviven los que mejor se adaptan a su entorno, no los más fuertes.

Reconcíliate con las aplicaciones: son un método maravilloso para conocer a alguien. He visto a muchas mujeres (sobre todo a partir de los cuarenta) que sentían un rechazo total por el ligoteo online que, a día de hoy, me agradecen que las animara a usarlo. A algunas les asustaba meterse en una app de citas por desinformación, por angustia a que las vieran personas de su entorno, por parecer desesperadas, por estar quemadas (ya las habían probado antes), por no haber encontrado a nadie interesante o por miedo a que les hicieran daño.

El problema no son las apps, sino carecer de un buen método para elegir a la persona adecuada. En el fondo, son como la nueva barra del bar: hay de todo, capullos y hombres maravillosos. ¡Pasen y vean!

Según Statista Digital Marketing, las apps de citas reúnen a más de cuatrocientos millones de usuarios en todo el mundo. Y de esos cuatrocientos millones, tú solo quieres a uno, ¿no? Puedes conseguir pareja, ¡garantizado! Además, las usan más hombres que mujeres. Confía en las estadísticas, guerrera. También hay otra ventaja: gracias a las aplicaciones online, puedes salir y disfrutar con tus amigas de forma relajada, sin la presión de ligar, y cuando estés en casa, con moño y en pijama, seleccionar tranquilamente a tus potenciales parejas. ¡Es muy cómodo!

Si eres tímida o te da vergüenza hablar con personas que no conoces, te animo a que te descargues las aplicaciones de citas más populares. Luego la gente se engancha. Puedes conocer a personas maravillosas (también a algún capullo), y todo empieza con un like, como le pasó a Sofía.

CONFESIONARIO DEL *DATING*
LA HISTORIA DE SOFÍA

Sofía vino a verme porque su marido, después de más de veinticinco años juntos, le había sido infiel con su secretaria. ¡Nos persigue el cliché de Monica Lewinsky con Bill Clinton! Por el escándalo y la humillación social que le supuso el proceso de divorcio, Sofi huyó de San Sebastián, y llegó a Madrid con una mano delante y otra detrás. Dejó su trabajo, sus amistades y toda una vida porque quería huir del dolor.

Empezaba de cero, a los cincuenta años había vuelto a la casilla de salida: sin trabajo, sin amigos, sin pareja y con el corazón roto en mil pedazos. De *causa*lidad, pues todo pasa por algo, en una librería encontró un libro fucsia con un corazón sangrando en la portada —*Adicta a un gilipollas*— y corrió a comprarlo. Se sintió tan identificada que lo devoró en dos días y, en cuanto se lo acabó, se dio cuenta de que necesitaba ayuda profesional. Me llamó y empezamos la terapia juntas.

Lo primero que hicimos fue buscar empleo. Hay personas que vienen tan paralizadas y en shock que las ayudo en estos temas. Al poco tiempo, encontró un puesto en un despacho de abogados de Madrid. También la acompañé a alquilar un piso muy cuqui en el que vivir, con mucha luz, en el centro de la capital.

Como le encantaba el baile, le sugerí que se apuntara a clases de sevillanas, y ahí encontró a las que hoy son sus mejores amigas. Su vida empezó a funcionar, se sentía más llena de vida que nunca. Ya solo le faltaba el amor.

Sofi era muy reacia a descargarse una aplicación para ligar, me decía que no era para la gente de su edad. A regañadientes, al final aceptó, y los viernes por la tarde empezó a quedar a tomar un vino con diferentes hombres. Tuvo citas muy variopintas y divertidas. Me dijo que habían sido hombres muy agradables, aunque ninguno le terminaba de encajar. ¡Qué vueltas da la vida!

Su primera cita fue con Chema, un hombre educado y elegante que se moría por ella. Lo descartó porque le escribía a diario, y tenía tan reciente la ruptura que no estaba preparada para comenzar nada con nadie. Chema la vio muy rota por el divorcio, no quiso insistir y dejaron de hablar. A los seis meses seguía soltera, pero mejor de ánimos. De vez en cuando quedaba con perfiles que le interesaban, aunque sin pretender más que pasar un rato agradable y conocer a gente nueva.

A la vuelta de un fin de semana en Sevilla con sus amigas, pensó en Chema: a él le encantaba esa ciudad y habían ido a comer a su restaurante favorito, el que le recomendó cuando hablaban, tiempo atrás. Pensó que era una pena no haberle dado una oportunidad, así que le escribió por impulso, preguntándole qué era de su vida. Chema se emocionó, quedaron y se enamoraron perdidamente. Siguen juntos, ¡se casaron hace un mes!

Cada vez que hablamos, Sofi me da las gracias por haberla animado a usar las apps. Si no llega a ser por eso, no hubiera conocido a su gran amor.

LA DAMA DE HIERRO DICE:
«¡TENGO UNA PREGUNTA EXTRA PARA TI!»

MI QUERIDA GUERRERA, ¿qué hubieras hecho en este caso?

a) No escribir a Chema por vergüenza, ya ha pasado mucho tiempo. ¡Eres muy digna!
b) Pensar que el infiel de tu exmarido puede cambiar y pedirle una oportunidad. ¡Viva el arrastre!
c) Animarte a contactar con Chema, a ver qué pasa. A veces es la persona adecuada en el momento incorrecto. ¡Que por ti no quede!

Me gustaría que hubieras marcado la opción C. Déjate sorprender y confía: la persona adecuada aparecerá. Si no es para ti y no funciona, no era tu destino. No te empeñes en lo que la vida no tiene preparado para ti. Como dice mi amiga andaluza: «Si es pa' ti, aunque te quites, y si no es pa' ti, aunque te pongas».

Cuando estás abierta y receptiva a encontrar a tu futuro chico en cualquier parte, ¡vas por el camino adecuado! Sigue así y deja que la vida te sorprenda.

Si has interiorizado todo lo anterior, ya estás *ready*, lista para convertirte en la superreina del mundo online. ¡Sigue, querida!

CONVIÉRTETE EN LA REINA DE LAS APPS

- **Elige la aplicación correcta.** Selecciona la que se adapte a tus necesidades. Algunas se centran en ligues esporádicos y filtran por el físico. En cambio, otras están pensadas para relaciones a largo plazo. Busca en tu localidad o país las especializadas en encontrar pareja. También hay apps de ligoteo específicas para seguidores de diferentes actividades, como el *fitness* o el *running*, por ejemplo. Te recomiendo que uses dos aplicaciones a la vez, no más, para que no te satures ni te aparezcan siempre los mismos perfiles.
- **Cuelga las mejores fotos que tengas.** El 70 por ciento del éxito en las apps son las fotos que pongas en tu perfil. ¡Una imagen vale más que mil palabras! Publica fotos de alta calidad, no cuelgues las primeras que encuentres, ni las de hace diez años, ni aquellas en las que pesabas diez kilos menos. Tienen que ser actuales, curradas, pero sin abusar de los filtros. No te recomiendo que subas fotos sexuales, en bikini, en el espejo del baño, de espaldas o poniendo morritos (lo que ahora se llama *duck face*, «cara de pato»). No me parece apropiado. Quieres encontrar pareja, no ser la nueva portada de *Playboy*.

Como mínimo, pon tres fotos, máximo cinco. Intenta sonreír al menos en tres. Una puede ser de un viaje o practicando una afición, como montar a caballo, esquiar, navegar, etc. Al menos, en una o dos se te tiene que ver el cuerpo. No uses fotos con sombrero o gafas de sol en las que no se te vea la cara.

Es importante que estés atractiva, que seas tú, pero sin filtros, o no abuses de ellos. Hay gente que no reconoce a la persona de carne y hueso con la que acaba quedando porque no se parece a la de las fotos. Algunas encargan fotos profesionales a un fotógrafo. En vez de hacerlas en un estudio, las toman por la ciudad para que el resultado sea más natural. No publiques fotos con otras personas o en grupo: tus amigos no han elegido salir en ellas. Respecto a los selfis, máximo uno, pero sin morritos, por favor. Cuando tengas tu *book*, pregúntale a tu entorno (idealmente hombres) qué les parece y qué imagen proyectas.

- **Cúrrate tu descripción.** No dejes tu bio en blanco, resume quién eres: mejor perfiles auténticos y sencillos que los que huelen a que quieres mostrar algo que no eres. Debes ser concisa e interesante. Evita una cadena de emojis y frases sin sustancia, como: «Me encanta caminar por la playa descalza». ¡Nadie te ha preguntado! Huye de las frases generalistas y aburridas del tipo: «Hago deporte a diario». Es mejor que pongas: «Deportista apasionada» o «Estoy en la aplicación para salir de ella ☺», dos frases cortas y atractivas que despiertan ganas de más en los posibles candidatos. No rellenes todos los campos, deja algo a la imaginación. Si quieres subir el tono, pon: «Ventajas de conocerme: ven a averiguarlas» y un emoji de guiño.

- **Evita los chistes malos.** No estás en el *Club de la Comedia*, así que en tu perfil no pongas chorradas del tipo: «¿Sabes cuánto pesa un oso polar? Lo suficiente para romper el hielo». A mí no me haría gracia. Evita las frases del estilo: «Mi madre/mi abuela piensa que soy la mujer diez». ¿Qué pintan aquí tu madre o tu abuela? Cuidado con los chistes y los comentarios machistas, racistas o irónicos que puedan provocar rechazo en el receptor. Y no uses el humor para denigrarte: hacer chistes sobre uno mismo denota baja autoestima.
- **Evita las faltas de ortografía y las palabras mal escritas**, como «ola» o «ke». En un estudio conjunto de la Universidad de Alicante y la Universidad de Navarra, se llegó a la conclusión de que el 82 por ciento de las mujeres se echan atrás a la hora de tener una cita si comprueban que la persona con la que han hecho *match* tiene faltas de ortografía (sobre todo graves). Sin embargo, la exigencia de los hombres a nivel lingüístico baja de forma considerable, ya que solo el 42 por ciento de los usuarios descartan una cita por esta causa. Aun así, presta atención, no cometas faltas.
- **No seas negativa ni criticona.** En la descripción del perfil, no des la imagen de mujer amargada: no critiques a tus ex ni a los hombres en general. Evita las frases del tipo: «Si tienes el cerebro vacío, no hables conmigo» o «Soy una mujer con un corazón frágil, busco a un príncipe que me enamore». Es para salir corriendo, ¡el ligoteo es puro marketing!
- **No mientas en tu perfil.** Nombre, edad, estatura, peso, quién eres… ¡Se pilla antes a un mentiroso que a un cojo!
- **Verifica tu perfil en la aplicación.** En la mayoría de las apps puedes verificar que eres la persona que aparece en

las fotos. Es fácil: al lado del nombre te saldrá un *check*, como un tic azul, que indica que eres tú. Si no sabes hacerlo, escribe en el buscador: «Cómo verificar el perfil en la app X», la que estés usando.

- **Cuidado con la conexión a otras redes.** Por lo general, puedes vincular tu perfil de la app a una cuenta de Instagram, Facebook, Spotify… Soy más partidaria de dar Instagram, cuando ya hayáis hablado y él te haya dado el suyo.
- **Proyecta una buena imagen en tu perfil.** Si vas a intercambiar tu cuenta de Instagram con hombres que has conocido en una app, tienes dos opciones:
  - Crearte un nuevo perfil con fotos en las que salgas sola y, para que no parezca falso, pedirles a tus amigas que te sigan y te den likes. Sigue a otras personas y ponlo en modo privado.
  - Darle el que suelas usar, pero intenta no tener información comprometida o restringe las opciones de lo que puede ver esa persona.
- **Maneja las palabras más populares del ligoteo.** Existen cuatro términos muy estandarizados en inglés:
  - ***Date.*** Tu cita, el hombre con el que quedes.
  - ***Dating.*** Estar en proceso de buscar pareja y tener citas, para conocer a diferentes personas.
  - Hacer ***match*** (tú le das un «me gusta» y él a ti). En inglés, significa «encuentro».
  - Tener un ***crush.*** Flechazo inmediato.

Una vez que tengas el perfil perfecto, ha llegado el momento de saber qué debes permitir y qué no.

QUÉ PERMITIR Y QUÉ NO: BANDERAS VERDES, NARANJAS Y ROJAS

Para hacer un buen casting del amor, debes tener muy claro qué permitirás a los hombres que conozcas. Para ello, hay tres colores de banderas: verde, naranja y rojo. Si quieres identificar las señales, tendrás que observarlas mientras hables con ese hombre por la aplicación o cuando quedes cara a cara con él.

IDEAS CLAVE

LAS TRES BANDERAS: VERDE, NARANJA Y ROJA

- **Verde:** las cosas que te gustan de él o de cómo te trata.
- **Naranja:** defectos tolerables con los que puedes vivir.
- **Roja:** cuestiones inadmisibles e intolerables que te harían cortar la relación o el contacto con esa persona.

Banderas verdes o atributos positivos

Las banderas verdes o *green flags* son los atributos o las señales positivas que indican que la persona que estás conociendo podría ser un potencial candidato a una muy buena pareja. En este caso, son muy personales, no todo el mundo coincidirá, puede ser muy distinto a lo que busca otra persona, pero hay banderas verdes comunes:

- Te pregunta sobre ti.
- La relación es equilibrada.
- La comunicación es fluida y bidireccional.
- Respeta tus límites.
- Tiene madurez emocional.
- Te hace sentir cómoda.
- Tenéis prioridades parecidas.
- Tiene sentido del humor.

También tendrás que anotar qué es lo que te gusta de él en concreto: que es deportista, que viaja, que es generoso, que es familiar, que parece sincero, etc. Identificar y valorar las banderas verdes contribuye al desarrollo personal, a que, al enfocarnos en las cualidades positivas de los demás, podamos mejorar la capacidad de establecer relaciones saludables y enriquecedoras.

Te animo a que, cuando conozcas a un hombre, anotes —mentalmente o en tu cuaderno— todas las banderas verdes y lo que te gusta de él. Una vez que detectes estas banderas, sigamos con las siguientes.

Banderas naranjas o defectos tolerables

Las banderas naranjas son esos defectos tolerables que no te importan tanto como para romper con él, ya que sus cualidades las compensan. Por ejemplo, que diga palabrotas, que no sea detallista, que a veces llegue tarde… Es un tema personal, así que plantéate cuáles son las tuyas y anótalas. También pueden ser cosas poco tolerables para ti, que te gustaría que cambiase, y pedirle ese ajuste, siempre que sea razonable. Cuando se lo digas, si con el tiempo no lo corrige, deja de quedar con él. Por ejemplo, Noa estaba teniendo citas con un hombre que no se duchaba a diario ni se lavaba los dientes después de cada comida. Se lo comentó con amabilidad, él le dio la razón y lo corrigió.

Veamos ahora qué es lo que no tendrías que permitir a un hombre al que estás conociendo.

Banderas rojas o comportamientos tóxicos

Las banderas rojas, o las famosas *red flags*, son aquellas señales de advertencia o conductas tóxicas que está teniendo esa persona contigo. Identificarlas es crucial para anticipar patrones de comportamiento y dejar de perder el tiempo con un hombre incompatible. Las *red flags* podrían afectar muy negativamente a tu salud psicológica a corto, medio o largo plazo. Detecta todo lo que vas a permitir a un hombre si es tu ligue, cita o pareja. Estas son algunas de las más comunes:

- Ha sido infiel a todas o casi todas sus ex. Siempre habla de ellas o de sus ligues anteriores.
- Te trata mal.
- Tiene problemas de autocontrol e ira.
- Ignora tus intereses y opiniones.
- No te dice lo que busca ni lo que quiere de ti.
- Tiene comportamientos celosos y controladores.
- Te ha mentido en temas graves o importantes.

En todos esos casos, deja de quedar con él y bloquéalo. Deberías identificar tus banderas rojas o lo que no vas a permitir a ningún hombre con el que te cruces a tu camino.

En realidad, este ejercicio es extensible a todas las relaciones que tengas. Podrías hacer la lista de lo que jamás permitirías y llevarla como un mantra que repitas una y otra vez para detectarlo.

Solo a título informativo: hay otro término de moda, las **banderas beis** o cosas que te aburren. Como su color, se refieren a cuando algo te parece soso y te hace bostezar delante de la persona que estás conociendo. Es un tono neutro que no despierta nada. Por ejemplo, una bandera beis podría ser que todos los sábados por la noche quisiera quedarse en casa viendo documentales de La 2, aunque a ti te encanta salir de fiesta y llegar a las cinco de la madrugada. En este caso, «ver los documentales de La 2» podría ser una bandera beis, señal de que te aburrirás con él. Si estás superanimada con el mundo de las banderas, piensa y anota qué te aburriría en un hombre.

Como ves, el mundo en las banderas es muy amplio. ¡Para gustos, los colores; y para mariposas, las flores! Saberlo es fundamental para huir de perfiles que no te convienen, y eso hará que mejores tu casting del amor y poco a poco te acercará a tu pareja perfecta y compatible.

¡ADVERTENCIA! Ahora mismo, sin perder un minuto, ve al final del libro y lee atentamente el DICCIONARIO ROJO. Te ayudará a identificar todos los comportamientos tóxicos de tu ligue o tu posible pareja. No te saltes este paso. ¡No tiene desperdicio!

RANKING DEL HORROR: LOS TREINTA CAPULLOS A LOS QUE DEBES BLOQUEAR

Los perfiles que voy a presentarte han salido de los cientos de testimonios que me han contado distintas mujeres a lo largo de los años. ¡La fauna es tremenda! Si te encuentras a alguno de estos monstruitos, pon pies en polvorosa lo antes posible.

Vas a alucinar: todos los capullos que describo son perfiles reales que se han encontrado mujeres por las apps, aunque podrías conocerlos en la barra de un bar

1. **El amargado.** La vida es una mierda, está harto de la aplicación o dice: «En la app estoy, sin esperar nada».
2. **El caluroso.** Pone fotos semidesnudo delante del espejo del baño. ¡Quiere un revolcón!
3. **El cincuenta sombras de Grey.** Sube fotos de esposas de peluche, látigos y antifaces. ¿Se cree que está rodando una peli porno?
4. **El delincuente.** Acaba de salir de la cárcel o ha cometido un delito, pero te dice que tiene buen corazón.
5. **El dramático.** No quiere mujeres dramáticas, el «dramas» es él.
6. **El empotrador.** En la primera frase, ya te invita a su casa.

7. **El especialito.** El lunes y el sábado a las ocho es cuando puede tener sexo y quedar contigo. Míster Excel da pereza.
8. **El explorador.** Busca una relación abierta o poliamorosa. ¡Ábrete, bonito!
9. **El fluir.** No sabe lo que quiere, fluye, no le gustan las etiquetas. Vamos, que solo quiere sexo.
10. **El fóbico.** Se agobia solito. Serás otra pesada que lo quiera cazar. Ni que fuera el premio gordo de la lotería de Navidad… ¡Con lo que hacen sufrir los fóbicos!
11. **El fotopenes.** Quiere enseñarlo todo.
12. **El incumplidor.** Te dice que quiere quedar, pero el momento nunca llega, o te pide una cita y la cancela.
13. **El infiel.** Le pone los cuernos a su pobre novia o mujer. Más del 50 por ciento de las personas que hay en las aplicaciones pueden estar comprometidas.
14. **El intermitente.** Hoy te escribe y mañana no, depende de con qué pie se levante.
15. **El invalidador.** Si le preguntas sobre él, te dice que eres una loca. Si le cuentas algo sobre ti, él siempre tiene mejores cosas que decir.
16. **El Ken.** Cree que está buenísimo, es el premio gordo de la lotería. Solo habla de lo guapo y partidazo que es. ¡No tiene abuela! Ni humildad, claro.
17. **El misógino.** Odia a las mujeres, todas son lo peor.
18. **El montapollos.** Si no le contestas a los cinco minutos, pollo que te monta.
19. **El Narciso.** Espera que le agradezcas su like.
20. **El no verificado.** No tiene ni tiempo para verificarse. Mmm , ¿quién se cree, el presidente de Estados Unidos? ¿Tan ocupado está?

21. **El ocultador.** No te contesta a nada de lo que pides ni te propone quedar. Le ofende que le preguntes. ¿Dónde se cree que está?
22. **El payaso.** Sus bromas no hacen ni pizca de gracia o solo le gustan a su madre, la que lo parió.
23. **El Peter Pan.** Es un adulto inmaduro que no quiere crecer. Pues ya va siendo hora, guapo, ¡tienes casi cuarenta palos!
24. **El Pinocho.** Tiene la nariz gigante de tanto mentir. Comparado con él, el hijo de Gepetto es un aficionado.
25. **El polvete camuflado.** Dice que quiere una relación, pero solo te habla de sexo e insiste en que vayas su casa. No busca pareja, solo llevarte al huerto.
26. **El siniestro.** Sus fotos, su nombre, su descripción… Todo es muy *creepy*, asusta. A veces no tiene ni fotos de él.
27. **El Spielberg.** ¡Se monta películas! Te dice que este año ha tenido sexo con cien tías, el muy fantasma. En las redes, cuelga fotos de coches de lujo tipo Ferrari como si fueran suyos, pero son de los que ve por la calle. ¡Es un peliculero!
28. **El traumatizado.** Le atormentan todos los traumas de su pasado.
29. **El vengador.** «Vas a pagar el daño que me hizo mi ex».
30. **El víctima.** Se ve como el sufridor del amor y la víctima de sus ex. Podrías ser la siguiente capulla para él.

Ni siquiera he pestañeado al escribir estas treinta joyitas, me han salido del tirón. Sin embargo, en las apps y en la vida real hay hombres maravillosos. Muchas de mis pacientes se han casado con tíos estupendos que han encontrado en el mundo online y han formado una familia preciosa. ¡Sigue motivada, la esperanza es lo último que se pierde! Es importante que aprendas a detectar a estos treinta capullos. A veces hay pequeñas sutilezas que asoman la patita, pero, si no entrenas, no te darás cuenta. Si dejas entrar a hombres que no te convencen, perderás horas con alguien que no es para ti.

Estate ahora muy atenta a los que tienes que dar like, con los que hay que hablar y quedar. ¡Adelante, como los de Alicante!

RANKING FELIZ: LOS VEINTE PERFILES QUE PUEDES ESCOGER

1. **El aplicado.** Se ha molestado en completar el perfil de la app y contesta a todas tus preguntas.
2. **El caballeroso.** Si vais a quedar, no le importa acercarse adonde te vaya bien o cenar en el restaurante de tu barrio.
3. **El centrado.** Buscáis lo mismo: ambos queréis una relación de pareja sana y os lo decís sin miedo.
4. **El compatible.** Tenéis gustos parecidos y aficiones similares.
5. **El constante.** Te contesta rápido y la conversación fluye.
6. **El corazón bonito.** Es buena persona, se le ve, un cacho de pan con ojos que nunca te hará daño a propósito.
7. **El cumplidor.** Cumple todo lo que te promete. Suele mostrar interés y te escribe a diario para saber cómo estás.

8. **El divertido.** Te hace reír con frases como: «Busco a alguien que me ayude a pasar bocadillos de contrabando en el cine» o «Mido 1,90 en un buen día». No lo confundas con el payaso. Además, te propone planes molones.
9. **El empático.** Te pregunta cómo te sientes y está pendiente de ti.
10. **El estable.** No tiene cambios de humor bruscos ni traumas insuperables. En él, todo parece sano. Que te toque uno normal es una bendición.
11. **El francotirador.** Te dice que quiere centrarse en ti y no conocer a otra mientras tanto. Solo le interesas tú. Y te demuestra que es sincero: te manda un vídeo en el que está borrando la aplicación de citas en la que os conocisteis.
12. **El *happy*.** Le cuentas algo que te preocupa y saca el lado positivo de las cosas.
13. **El inteligente.** Te responde de forma ingeniosa y sabe llevar la conversación, así que no te aburres.
14. **El interesado.** Chateáis una semana por la app y ya te propone que os veáis.
15. **El interesante.** Ha vivido en varios países, te cuenta un montón de curiosidades de otras culturas. Ahora quiere conocer a alguien para mantener una relación de pareja.
16. **El respetuoso.** Le dices que aún no quieres darle tu número de teléfono y no se enfada. Respeta cualquier límite que le pongas.
17. **El sano.** No habla mal de ninguna mujer ni de sus ex, dice que ha aprendido del pasado y te cuenta que ha tenido relaciones sanas.

18. **El sincero.** Te dice la verdad desde el primer momento. No le pillas mintiendo.
19. **El sonriente.** Sonríe en todas las fotos y es muy amable cuando habla contigo.
20. **El verificado.** Es quien dice ser. Tiene el tic azul.

Una vez que conoces a los perfiles que puedes elegir, veamos cómo preguntar lo que te interesa a tus candidatos del amor. Hazlo con desparpajo, que no parezca que los estás sometiendo a un interrogatorio en el FBI. ¡Sigue leyendo, guerrera!

EL INTERROGATORIO CON ARTE

Podrás disparar estas preguntas en cuanto conozcas a un hombre, tanto por app como cara a cara. Te recomiendo que uses las de descarte para averiguar si te apetece quedar con ese hombre que te atrae. Las de exploración, que puedes planteárselas cuando quedes con él o habléis por WhatsApp, te ayudarán a decidir si quieres ser su pareja el día de mañana.

Deberías indagar de forma estratégica para hacerte una idea de quién es él y cómo son su vida y su pasado. No se trata de someterle a un tercer grado invasivo y agresivo, sino de ir sonsacándole con arte, humor y desparpajo, tocando todos los temas para ir consiguiendo la información que necesitas. Pero evita que este interrogatorio se convierta en una tortura. No eres la inquisidora del amor, ni esto es una entrevista de trabajo.

Preguntas de descarte

Te sugiero que empieces por estas antes de aceptar una primera cita, ya que te ayudarán a descartar a aquellos hombres que no sean compatibles contigo. Estas son algunas de las preguntas que suelen plantear las mujeres, las más habituales, pero selecciona las que te vayan bien a ti y añade las que te apetezca. En realidad, no hay respuestas buenas o malas. Según lo que te diga, verás si encaja en lo que estás buscando en un hombre para convertirse en tu pareja.

- **Qué edad tiene.** Si lo pone en la app, no se lo preguntes, o confirma el dato con él. Algunos mienten o se quitan años.
- **Si le gustaría casarse.** Pregúntaselo si es tu intención.
- **Si quiere tener hijos.** Pregúntaselo si tú quieres tenerlos y necesitas saberlo para seguir o no hablando con él.
- **Si tiene hijos.** Si es así, averigua de qué edad y qué tipo de custodia mantiene con la madre.
- **Si es monógamo o quiere una relación abierta.**
- **Cuál es su situación sentimental.** De esta manera verás si tiene alguna ex no superada o si está pillado por otra mujer.
- **Cómo se ve dentro de un año.** Así sabrás si vuestro proyecto de vida es compatible.
- **Qué busca en la aplicación.** Si te dice «sexo» y tú lo que buscas es pareja, ¡deshaz el *match*!
- **A qué se dedica.**
- **Dónde vive y con quién.**

Preguntas para explorar

Plantéaselas mientras os vais conociendo. Puedes hacérselas en cualquier momento: antes de quedar, durante la cita o después. Lo importante es obtener las respuestas lo más rápido posible, pero a lo mejor no te da tiempo antes de la primera cita en persona. Si lo consigues, dispondrás de algunos datos que te permitirán ir dibujando un perfil de quién es él a través de las respuestas que te dé.

- **Cuánto tiempo lleva en la aplicación y si es la primera vez que la tiene.**
- **Si ha tenido muchas citas desde que está soltero, y cómo han ido.**
- **De dónde es.** Su lugar de nacimiento.
- **Qué ha estudiado.**
- **Cuántas parejas ha tenido, cómo se lleva con ellas y cuánto tiempo ha estado con cada una.** Si sigue en contacto con alguna de sus exparejas.
- **Cuánto tiempo lleva soltero. Cuánto hace que lo dejó con su última ex.** Así verás si ha cerrado el duelo por la mujer de su pasado. Si estaba casado y tiene hijos, como mínimo tiene que haber transcurrido un año de la ruptura. Si estaba en un noviazgo largo, el duelo tendrá que durar entre tres y seis meses.
- **Qué opina de las drogas y si consumió en el pasado o consume algún tipo de sustancias ilegales.** Porros, cocaína, etc.
- **¿Fuma?**

- **Cuál es su horario laboral.** Y si en la actualidad su prioridad es el trabajo o formar un proyecto de pareja con alguien.
- **Si tiene mascotas.** En el caso de que seas tú la que tengas alguna mascota, si le gustan.
- **Si ha tenido o tiene adicciones.** Alcohol, juego, etc.
- **Cómo está de salud física y psicológica.**
- **Qué aficiones tiene y a qué dedica el tiempo libre.**
- **Si tiene intereses culturales.** Teatro, museos, cine, ópera, exposiciones, etc.
- **Si practica deporte.**
- **Si le gusta viajar. Y adónde ha viajado.**
- **Si ha vivido en el extranjero y cuántos idiomas habla.**
- **Cómo se lleva con su familia de origen.** Madre, padre y hermanos.
- **Qué opina de la infidelidad y si ha sido infiel alguna vez.**
- **Cuánto mide.** Para muchísimas mujeres es muy importante. Me dicen que en las apps solo encuentran bajitos.
- **Si es religioso.**
- **Si sus amigos están solteros o en relaciones serias y con hijos.**
- **Si es apañado en las labores del hogar.**
- **Si cree que es mejor compartir las tareas domésticas o prefiere los roles antiguos.**
- **Traumas.** Averigua si tiene algún trauma infantil. Algunas mujeres no descartan a un hombre porque tenga traumas debidos al *bullying* en el colegio, a la madre o a la familia de origen; solo lo preguntan para saber más sobre ese hombre.

- **Con qué frecuencia visita a su familia, y dónde viven.**
- **Si está quedando con más mujeres a la vez que contigo.** Esta pregunta se suele hacer en la tercera cita.
- **Cómo gestiona la economía en pareja.** ¿El 50 por ciento cada uno, de forma proporcional a los salarios, etc.? Plantea esta pregunta antes del tercer mes.
- **Si quisierais tener hijos juntos en un futuro, cómo lo haríais.**
- **Qué cosas considera una infidelidad.** Plantea esta pregunta antes del tercer mes.
- **Si pasaría contigo por un proceso de fertilidad o adopción.** Pregúntaselo si quieres ser madre y no puedes de forma natural o si quieres tantear tus opciones. Plantea esta pregunta antes del tercer mes.
- **Su orientación política.** Esta guárdala para cuando lleves tiempo con él.
- **Si hay alguna condición hereditaria en su familia.** Solo necesitarás saberlo si pensáis tener hijos juntos.
- **Qué piensa sobre los acuerdos prenupciales.** Resérvala para cuando os vayáis a casar.
- **Si tiene antecedente penales.** No te asustes: en Estados Unidos suele hacerse esta pregunta para saber si ha estado en la cárcel o ha sido condenado en un juicio. Así luego no hay sorpresitas.

Una buena conversación se basa en dos aspectos: plantear las preguntas con arte, de manera que el otro casi ni se dé cuenta de que le estás sonsacando; y hacer autorrevelaciones en cada una para que sea una conversación, no un interrogatorio. Ve dando tu opinión sobre los temas que salgan o aporta información sobre ti.

¡ENHORABUENA! Estamos llegando al final del tercer anillo. Para acabar, vamos a hacer la tarea de este capítulo. ¿Alguna vez has escrito de tu puño y letra lo que necesitas para que una pareja sea compatible contigo? ¡Adelante! Es el momento de hacerlo.

TAREA EN ACCIÓN

DISEÑA A TU PAREJA PERFECTA

Durante la tarea, te pondré el caso de Catalina para que la completes siguiendo su ejemplo. Vas a diseñar a tu pareja perfecta en estos cinco pasos:

- ✓ **Paso 1.** Perfil amoroso: cómo te comportas con los hombres.
- ✓ **Paso 2.** ¿Qué quieres realmente? Y tú, ¿qué ofreces?
- ✓ **Paso 3.** Lista del hombre de tus sueños.
- ✓ **Paso 4.** Lista innegociable.
- ✓ **Paso 5.** Los cinco imprescindibles

Primero tienes que saber cuál es tu perfil amoroso y cómo te comportas cuando estás delante de la persona que te gusta. Averiguarlo es fundamental para corregir cualquier acto no adecuado que te impida hacer un buen casting del amor.

Paso 1. Perfil amoroso: cómo te comportas con los hombres

Existen siete perfiles amorosos según cómo te comportas con los hombres en las citas o cuando estás conociendo a alguien que te gusta. Identifica el tuyo para corregir lo que necesites en caso de que te esté perjudicando y no seas consciente de ello. Puedes tener un perfil concreto o una mezcla de varios.

- **La romántica.** Crees en el amor de las películas, estás enamorada del amor. Sigues pensando que eres una princesa y que tu príncipe azul vendrá a rescatarte. Sueñas con un final de cuento. Pero la bruja, que soy yo, ¡te dice que dejes de soñar a lo Disney! ¡JA, JA, JA! (risa malvada).
- **La perseguidora.** Persigues al hombre que te gusta con tal de que te haga caso y llegas a humillarte, a rebajarte. No puedes asumir que no sea para ti. Eres la única que mantiene, de forma unilateral, lo que hay entre vosotros.
- **La diva.** Tienes tanto miedo a que te hagan daño que te muestras inaccesible e inalcanzable a los hombres. Si un chico te gusta, le apartas la mirada o lo ignoras. ¡Tienes un caparazón muy grande!
- **La estratega.** Sabes lo que quieres y vas a por ello. Tus objetivos son lo primero, como tener pareja o hijos. El problema es cuando te olvidas de empatizar con tu cita, porque te obsesiona lo que quieres y no indagas en el otro.
- **La superficial.** Principalmente, buscas el atractivo físico. No te importa si te trata bien o mal, si sois compatibles juntos o qué es lo que te da.
- **La frustrada.** Vas a las citas contando lo mal que está el mercado. Sueltas a cualquiera que te escuche que llevas diez años soltera y que todos los tíos son unos mierdas. Esta actitud me la puedes contar a mí como psicóloga o a tus amigas para desahogarte, ¡pero a tu cita no! Debes aprender a venderte. De eso se trata el marketing del amor.

- **La empoderada.** Este tendría que ser tu perfil. Estás empoderada para decir lo que piensas, te muestras seductora, femenina, relajada, divertida y no te pones a la defensiva. Esperas encontrar a tu persona adecuada, así que transmites fuerza y alegría, y a los demás les apetece estar a tu lado. ¡Olé, tú!

Cuando identifiques tu perfil o la mezcla de los que eres, lee el ejemplo de Catalina que encontrarás a continuación y después escribe en tu cuaderno quién eres y qué tendrías que cambiar para parecerte al máximo a la empoderada.

En primer lugar, ponte en valor y reconoce tus éxitos.

Caso de Catalina

- Mujer. Altura: 1,60 metros. Peso: 58 kilos.
- Trabajo en una consultoría y gano 2.500 euros al mes.
- Tengo 36 años. Soltera y sin hijos.
- Tengo un piso en propiedad en el centro de Barcelona.
- Tengo amigos que me quieren.
- Mi padre me abandonó y mi madre se dedicó a mí. Su divorcio fue traumático.
- Me gusta viajar a Asia y por todo el mundo.
- Me gusta ir a restaurantes de moda.
- Practico esquí, pádel y deporte en el gimnasio tres veces por semana.

Ahora, redacta la lista de cosas que tienes que cambiar.

Caso de Catalina

- Perfil: la romántica.
- Tengo que cambiar mis creencias tóxicas, como: «El amor es lo más importante de la vida», «Soy la media naranja de otra persona», «Hay que sufrir por amor».
- Debo dejar de perseguir al hombre que me gusta. Lo atosigo y siento ansiedad si no me contesta a los cinco minutos.

Sigamos avanzando hacia el paso 2, en el que también tendrás que reflexionar profundamente sobre ti.

Paso 2. ¿Qué quieres realmente? Y tú, ¿qué ofreces?

Ha llegado el momento de explorarte. Pregúntate si te comportas como una mujer que busca el amor en pareja. ¿Es lo que quieres? ¿Estás preparada para recibirlo? El amor es un gran maestro que saca a relucir todas nuestras vulnerabilidades.

En este caso, haz una lista de lo que ofreces a los hombres para ver si estarías con alguien como tú, con alguien que te da eso. ¿Te elegirías como pareja? Si no te aguantas, ¿cómo te van a escoger? Es importante que averigües cuáles son tus valores como persona.

Caso de Catalina

- **Qué quiero realmente.** Encontrar el amor de mi vida, casarme y tener hijos. No busco sexo ocasional.

- **Qué ofrezco.** Fidelidad, cariño, amor incondicional, lealtad, compañerismo y sentido del humor.

Cuando sepas qué quieres realmente, diseña el perfil de la otra persona y comprueba qué es compatible contigo.

Paso 3. Lista del hombre de tus sueños

Una vez que seas consciente de tus valores, escribe en una lista todo lo que te gustaría que tuviera el hombre de tus sueños. ¡Da rienda suelta a tu imaginación! Observa en este ejemplo lo que busca Catalina:

Lista de Catalina

1. Un hombre que mida 1,90 metros.
2. Que hable inglés perfectamente (bilingüe o con el Proficiency de Cambridge).
3. Que tenga carrera universitaria, máster y doctorado.
4. Que sea la reencarnación de Brad Pitt en la película *Siete años en el Tíbet*.
5. Que viva en el mejor barrio de la ciudad, a cinco minutos de mi casa.
6. Que tenga su propia empresa.
7. Que tenga los dientes perfectos y blancos como la nieve.
8. Que no sea un psicópata.
9. Que sea fiel.
10. Que sea monógamo y no me pida intercambios de pareja ni una relación abierta.

11. Que sea buena persona.
12. Que esté locamente enamorado de mí.
13. Que no tenga hijos.
14. Que quiera tener hijos conmigo.
15. Que tengamos sexo apasionado durante horas.
16. Que no esté divorciado.
17. Que haya cerrado todos los procesos con sus exparejas.
18. Que se lleve genial con su familia.
19. Que sea inteligente e interesante.
20. Que haya vivido en varios países.

Ahora escribe la tuya. Es como cuando quieres comprarte un piso: todo el mundo busca un ático con luz, exterior, en un buen barrio, con ascensor, que no haya mucho ruido en el dormitorio y lo más barato posible. Pero habrá que ajustarse al presupuesto, ¿no? Por eso le cuestioné su lista a Catalina…

Paso 4. Lista innegociable

«Tacha lo que sea prescindible y quédate con lo que sea realmente importante para ti», le dije.

Lista innegociable de Catalina

1. ~~Un hombre que mida 1,90 metros.~~
2. ~~Que hable inglés perfectamente (bilingüe o con el Proficiency de Cambridge).~~
3. ~~Que tenga carrera universitaria, máster y doctorado.~~

4. ~~Que sea la reencarnación de Brad Pitt en la película Siete años en el Tíbet.~~
5. ~~Que viva en el mejor barrio de la ciudad, a cinco minutos de mi casa.~~
6. ~~Que tenga su propia empresa.~~
7. ~~Que tenga los dientes perfectos y blancos como la nieve.~~
8. Que no sea un psicópata.
9. Que sea fiel.
10. Que sea monógamo y no me pida intercambios de pareja, ni una relación abierta.
11. Que sea buena persona.
12. Que esté locamente enamorado de mí.
13. Que no tenga hijos.
14. Que quiera tener hijos conmigo.
15. ~~Que tengamos sexo apasionado durante horas.~~
16. ~~Que no esté divorciado.~~
17. Que haya cerrado todos los procesos con sus exparejas.
18. Que se lleve genial con su familia.
19. Que sea inteligente e interesante.
20. ~~Que haya vivido en varios países.~~

De los veinte requisitos, acabó quitando diez con los que, en el fondo, podía vivir, aunque no fuera lo ideal. ¿Ves la diferencia? Que te guste un tipo de hombre no significa que sea el adecuado para ti. Cada característica que añadas reducirá estadísticamente tus posibilidades de encontrar a tu pareja perfecta.

Paso 5. Los cinco imprescindibles

De los requisitos que quedaban sin tachar, Catalina eligió cinco imprescindibles.

Los cinco imprescindibles de Catalina

- Que no sea un psicópata.
- Que sea fiel.
- Que sea monógamo y no me pida intercambios de pareja, ni una relación abierta.
- Que sea buena persona.
- Que quiera tener hijos conmigo.

De los veinte requisitos, Catalina se acabó quedando con estos cinco, ¡los que expresaban la verdad de su corazón! Cuando lo hago en terapia, este ejercicio es muy práctico y revelador porque ayuda a identificar los puntos clave para que tu burbuja del amor no se atrofie.

Preciosa mía, ya has completado el tercer capítulo. ¡Eres una crack! ¿Cómo te sientes? ¡Lo estás haciendo fenomenal! Qué importante todo lo que hemos visto en este tercer anillo… Ahora ya cuentas con todas las herramientas para hacer un buen proceso del casting del amor.

Y del casting, pasamos al *dating*. ¡Vamos a divertirnos! Coge el bolso, que nos vamos de cita, ligoteo en estado puro. ¡Tendrás que poner en práctica todo lo que has aprendido! Disfruta del maravilloso mundo del *dating*.

Preciosa lectora:

Explícame cómo va tu casting del amor. Puedes contarme lo que quieras, desde qué capullos has evitado en las apps hasta cuál es tu perfil amoroso. También quiero saber si usas más el método de ligar tradicional y dónde vas para buscar a tu hombre o si, por el contrario, eres más del mundo online y prefieres las aplicaciones. Además, puedes mandarme la lista del hombre de tus sueños. ¡Todo será bienvenido, me encanta leerte! Etiquétame —@psicologa_laraferreiro— o sube una *story* contándomelo. ¡Me alegrará conocer tu historia y ver cómo vas en tu proceso de selección de la pareja perfecta! #ladamadehierro, #niuncapullomas, #elcastingdelamor, #guerreras.

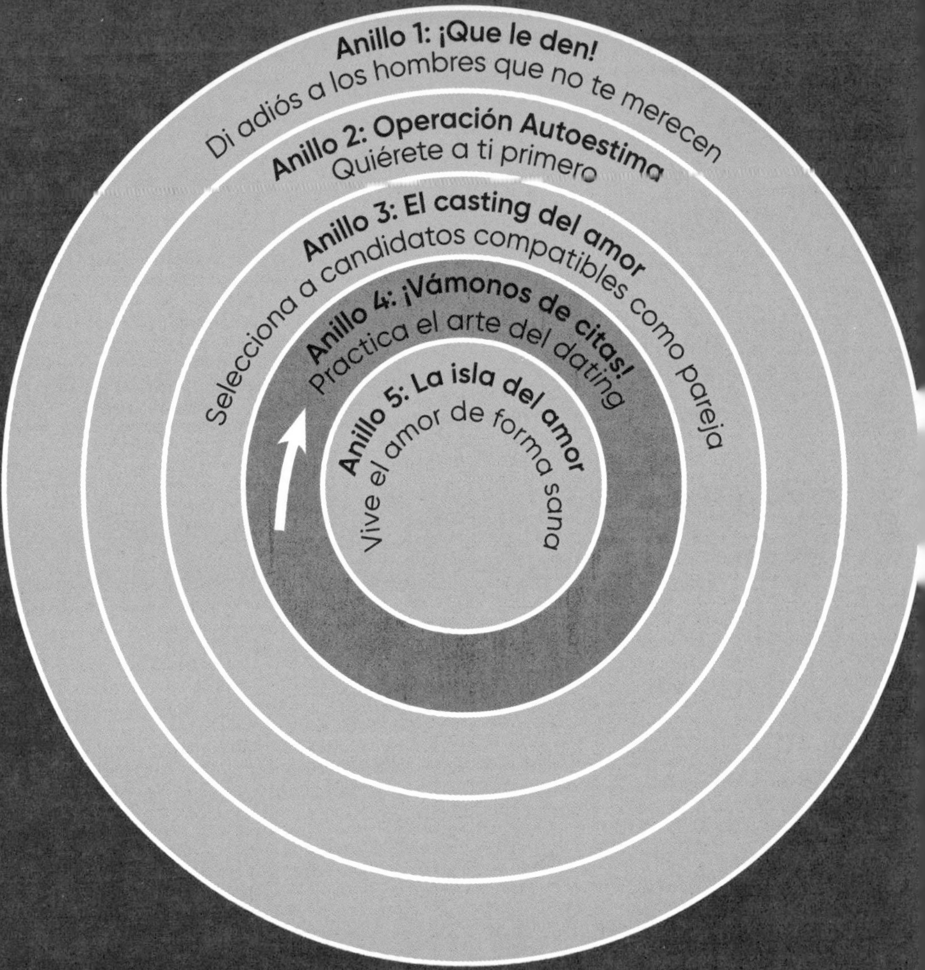

Anillo 1: ¡Que le den!
Di adiós a los hombres que no te merecen

Anillo 2: Operación Autoestima
Quiérete a ti primero

Anillo 3: El casting del amor
Selecciona a candidatos compatibles como pareja

Anillo 4: ¡Vámonos de citas!
Practica el arte del dating

Anillo 5: La isla del amor
Vive el amor de forma sana

4

¡VÁMONOS DE CITAS!

Practica el arte del *dating*

Mi querida guerrera, enhorabuena por llegar hasta aquí. Ya estamos en el cuarto anillo, ¡OLÉ, TÚ! ¿Cómo te sientes? ¿Animada? Me alegra mucho acompañarte en tu viaje. El objetivo de esta parte del libro es que tengas citas, pero solo con hombres con el perfil de pareja potencial. Te iré desgranando todo lo que debes hacer para conseguir un buen *dating*, el proceso de buscar pareja e ir teniendo citas hasta que elijas al hombre adecuado.

Te sugiero que te animes a poner en práctica todas las actividades que te propongo en este capítulo, ¡sal de tu zona de confort! Cada vez que inviertes tiempo en conocer a alguien, te acercas al objetivo de encontrar a un compañero de vida. Aplica esfuerzo, energía y tiempo. ¡No hay atajo sin trabajo! Disfruta del camino y confía en que llegarás a la meta: encontrarás a una persona maravillosa. ¡No pierdas la fe ni el aliento!

Para que no te olvides de las recomendaciones ni te desorientes por el mundo de las citas, ten en cuenta las siguientes diez normas. Algunas mujeres las fotocopian y las pegan en la nevera, a modo de recordatorio.

IDEAS CLAVE
EL DECÁLOGO DE LAS CITAS

1. **Buscar pareja es un trabajo.** *Full time!* Si usas las apps, tendrás que invertir de treinta minutos a una hora diaria en chatear o hablar con potenciales candidatos. Si sales a conocerlos de forma presencial, ve a eventos o lugares con eso en mente. Muchas mujeres tienen, como mínimo, una cita semanal. ¡Y contesta lo antes posible!
2. **Si quieres una relación de pareja, ¡a saco a por tu objetivo!** No juegues en la liga del sexo ocasional. Deja de perder el tiempo con hombres que te roban la energía. El tiempo que inviertes en ese capullo podrías dedicarlo a tener una cita con un potencial candidato a pareja perfecta.
3. **Aprende a sacarte partido. Cuida tu aspecto físico, ¡es la puerta de entrada!** Para un hombre, la primera impresión siempre llega por los ojos. De hecho, se dice que ellos son visuales y nosotras, auditivas. Invierte en ti.
4. **Ante todo, actitud.** Sé tú misma, no finjas ser otra persona. Te lo aseguro, no funcionará.
5. **Las citas son marketing, un proceso de venta.** Saca temas interesantes, no hables mal de ti ni le cuentes tus traumas. Tampoco se te ocurra hacerle un tercer grado. ¡No estás en terapia ni en una entrevista de trabajo!
6. **No te desgastes ni quedes con hombres que no te gusten.** Una vez hecho el filtrado de candidatos, queda con un hombre que, *a priori*, te encante.

7. **No persigas a ningún hombre.** Busca el equilibrio entre ser accesible y pesada o intensita. ¡Que no haya drama, como en las telenovelas! El interés debe ser mutuo y recíproco. Si solo lo hay por tu parte, no es tu persona. ¡A otra cosa, mariposa!
8. **Si tiene una actitud inapropiada, marca tus límites con tranquilidad.** No permitas nada con lo que no estés cómoda. Confía en tu intuición y observa cómo te sientes con ese hombre que estás conociendo.
9. **No te proyectes a largo plazo con cada hombre con el que quedes.** Tras una primera cita, no pienses que es el definitivo. No te emociones, ve pasito a pasito, ¡suave, suavecito, que diría Luis Fonsi!
10. **Si no cuajáis o falta química, no te lo tomes como algo personal.** Ocurra o no, las responsables son las hormonas, no se pueden controlar. Sigue buscando para encontrar a alguien con quien haya química mutua.

Grábate a fuego esta frase de la película *El indomable Will Hunting*: «No eres perfecto, amigo. Y voy a ahorrarte el suspense: la chica que conociste tampoco es perfecta. Lo único que importa es si sois perfectos como pareja». Pues eso, ninguno de los dos sois perfectos, ni se pretende. Solo es importante que encajéis y seáis compatibles para que lleguéis a ser felices juntos.

Además de tener claro el decálogo de las citas, deberás aprender a sacar tu lado seductor. ¡Todo es actitud! Veamos ahora algunas de las mejores armas que hacen que cualquier persona se vea más atractiva.

LAS TÉCNICAS DE SEDUCCIÓN INFALIBLES

La seducción es un arte clave en la vida, no solo con los hombres, sino con todas las personas que te rodean. Saber seducir ayuda a generar todo tipo de conexiones profundas y, así, conseguir lo que quieres. Es importante que aprendas a coquetear en diferentes situaciones, desde el encuentro cara a cara a hacerlo por mensaje.

Para algunas mujeres, flirtear es natural, lo hacen sin darse cuenta, de forma innata, porque es parte de su personalidad. Sin embargo, a otras les cuesta o no saben hacerlo. Si te resulta complicado, ¡no pasa nada! Se aprende. En cualquier caso, aprovecha todas las situaciones cotidianas y tómatelas como oportunidades de flirteo para practicar. ¡Crea tu estilo!

Seducir no está necesariamente relacionado con un físico impresionante, sino con la actitud con la que te comportas y afrontas la vida. A continuación te resumo los diez trucos del magnetismo personal.

IDEAS CLAVE
LOS DIEZ SECRETOS DE SEDUCCIÓN IRRESISTIBLE

1. **Crea una personalidad magnética.** Conviértete en una mujer que irradie positividad: encantadora, confiada, relajada, agradable, tranquila, que controla la situación.

Debes percibirte con un alto valor, pero siempre desde la humildad, no desde el narcisismo. Sé auténtica, divertida y sincera. Si te equivocas, pide perdón (sin dejarte mal). Una personalidad magnética siente pasión por lo que hace y lo transmite con entusiasmo. No es lo mismo limitarte a decir «Soy médica» que «Soy médica, me apasiona lo que hago. Trabajo en pediatría infantil y cada verano voy a África como cooperante internacional». ¿Ves la diferencia? ¡Y eres la misma persona! Tendrías que añadir más datos a tus frases para que den pie a seguir la conversación y que sea más atractiva.

2. **Deja que te persiga.** Permite que te conquiste, no le quites ese placer. Deja que despliegue sus armas de conquista: se sentirá masculino y encantado de hacerlo. Para las mujeres, el periodo inicial suele ser una etapa de miedos, ansiedad e incertidumbre. En cambio, para él es divertida, emocionante e intrigante. ¿Ves lo diferentes que somos? Cuando le muestras que te interesa demasiado, corres el riesgo de asustarlo. Todo esto proviene de la biología: en el cerebro, la adquisición temprana de una recompensa reduce la duración y la intensidad de la dopamina, la hormona del placer. En cambio, demorarla la estimula, aumenta la segregación de dopamina y hará que le gustes más.
3. **Sé femenina.** La feminidad se construye y se trabaja. Todo suma para sentirte poderosa y femenina: el vestuario, el perfume y la ropa interior que elijas. Haz una lista de todo lo que podrías hacer para aumentar tu feminidad. Las formas también tienen que ser educadas y respetuosas hacia la otra persona.
4. **Usa la mirada felina.** Los ojos son el espejo del alma, la puerta para conectar emocionalmente con un hombre. Mí-

ralo a los ojos, recorre su cara y su cuerpo con la mirada, pero no todo el rato. Si lo haces, parecerás una psicópata... Juega con los ojos y míralo con intensidad.

5. **Adopta la postura de «pisando fuerte».** Es importante que seas consciente de tu comunicación no verbal: comprueba si entras en los sitios pisando fuerte, con seguridad y postura erguida o, al contrario, cabizbaja, encorvada y con miedo. Observa cómo te sientas; deberías estar recta, ya que es lo más sano para la espalda y proyecta seguridad. Si no es así, ve corrigiendo tu postura y tus gestos. No te metas las manos en los bolsillos: te hará parecer insegura. Y no te cruces de brazos.
6. **La sonrisa ilumina el corazón de cualquier hombre.** Una buena sonrisa, genuina, desde la autenticidad, contagia buen humor a la persona que tienes delante. Hay muchos estudios científicos que han comprobado que sonreír libera endorfinas (hormonas del bienestar y la felicidad), serotonina (hormona del placer) y otros analgésicos naturales que produce el cuerpo para relajarte.
7. **Aplica la ley del espejo.** En la fase de conquista (de los tres a los seis primeros meses) o hasta que sea tu pareja, no deberías hacer nada que él no haya hecho antes por ti. Es lo que se llama la «ley del espejo»; aplica el principio de reciprocidad: «Si tú me das, yo te doy». Así sabrás si su interés es real y no pensarás que lo hace por compromiso o forzado porque tú lo has hecho antes.
8. **Aprovecha el poder de las palabras.** Las palabras son un arma muy poderosa. Cuando nos dicen algo que nos gusta o queremos oír, segregamos dopamina, la hormona del placer. Por lo tanto, utiliza las palabras a tu favor. Usa estas estrategias:

- **No critiques a los demás**, o pensará que no se puede fiar de ti.
- **No te quejes.** ¡Los quejicas son horribles! «Ayyyy, qué mal me encuentro ».
- **Habla bien de ti** o saca temas que te dejen en buen lugar.
- **No mientas**, pero puedes omitir lo que no quieras que sepa de ti.
- **No seas verborreica.** En las primeras citas, déjale hablar. ¡Tu vida ya te la sabes!
- **No lo interrumpas cuando hable.** Aprende a escuchar activamente.
- **Usa y modula el tono de voz** y haz pausas al hablar, de forma seductora.
- **Usa los silencios cómplices** para crear una atmósfera sugerente.
- **Pregúntale para saber más sobre él** o sobre la situación, y añade datos personales: las autorrevelaciones dan sensación de comunicación y se alejan de la entrevista de trabajo.
- **No escondas quién eres.** Si afirma: «Todas las mujeres conducís mal», no lo ataques. Pregúntale por qué lo dice y luego, relajada, dale tu opinión: «Hay hombres y mujeres que conducen bien o fatal. No es cuestión de género. Además, a nosotras nos ponen menos multas y tenemos menos accidentes». Y todo con una sonrisa relajada, aunque no vuelvas a quedar con él.
- **No hagas tesis doctorales ni te autocontestes.** Si tu ligue o potencial pareja te pregunta cómo estás o qué tal tu día, ¡por favor, no respondas con una tesis! No es tu

mejor amiga, a la que le cuentas tu vida en verso. Di algo como: «Mi día, genial, muy productivo. He comido con mis compañeros. ¿Y el tuyo?». No le des muchos detalles, ve creando la conversación.

- **Lánzale algún piropo, pero no todo el rato.** Cuando sea tu pareja, solo de vez en cuando, puedes decirle: «Te quedan muy bien esos pantalones con la camisa. Estás muy guapo». No le bajes el ego diciéndole que no está tan bueno, no funciona a largo plazo, y nadie quiere estar con alguien que le hace sentir mal o poco especial.
- **Sé agradecida.** Si te invita a ver un partido de fútbol, dile: «Me encantan estos asientos. Gracias por invitarme». Agradécele su ayuda o hazle un cumplido para que quiera seguir protegiéndote y cuidándote.
- **Comenta vuestras similitudes.** Hablar de vuestros puntos en común hará que os sintáis más compatibles y se creará más atracción por la ley de la semejanza. ¡Los iguales se atraen!
- **No seas rígida.** No te lo tomes todo muy a pecho. ¡Aligera la carga en la cita! Si te dice: «¿Cuándo cocinarás para mí?», no te pongas como una leona agresiva ni le des clases de feminismo. Respóndele, con una sonrisa: «Ja, ja, ja, los tiempos han cambiado. ¿Cuándo cocinarás tú para mí?». Luego piensa si te interesa seguir con un hombre así. O, por ejemplo, si te lo encuentras en un bar por segunda tarde consecutiva y él te pregunta, bromeando: «¿Me estás siguiendo?», no respondas de forma grosera con un: «Me siento acosada, voy a pedir una orden alejamiento». Dile algo así: «Ja, ja, ja, ya te gustaría» o «Quizá». ¡Vacila a los tíos con gracia!

9. **Practica el misterio. ¡Despierta su curiosidad!** Si se lo cuentas todo y no eres un tanto enigmática, ¿qué le quedará por saber de ti? Imagínate que estás en un bar y hay dos hombres que te atraen. El primero se acerca, te invita a una copa, te dice que lo vuelves loco y que quiere conocerte, que mañana te invita a cenar y que cuándo os casáis. Tú te agobias y pierdes el interés porque parece demasiado interesado o desesperado. En cambio, otro te sonríe, te mira y juega contigo. Probablemente estés más pendiente de ese, pues te genera mayor intriga que el que se te ha acercado y ha hecho todo ese esfuerzo sin conocerte.
10. **Aprende a poner límites.** No hay nada más sexy y poderoso que esto. Los límites deben empezar a marcarse en la etapa inicial de la conquista, recuerda que siempre puedes decir que no. Veamos algunos ejemplos:
    - **Terminas la primera cita y te dice que vayáis a su casa** para seguir hablando tranquilamente. Yo no iría: es sinónimo de sexo. Le diría: «No te conozco lo suficiente como para ir a tu casa» y me iría a la mía.
    - **Estás en un restaurante en la segunda cita y te toca la pierna.** Le diría: «Prefiero que no me toques hasta que sepa si me apetece que lo hagas» y me largaría.
    - **Te pide fotos desnuda.** Dile: «Yo no mando ese tipo de fotos». Pon límites de forma respetuosa y desestresada. Si te las sigue pidiendo, bloquéalo.
    - **Estáis en una cita y él no deja el móvil.** La primera vez déjalo pasar, pero a la segunda dile, con una actitud agradable: «Me gustaría que me dieras tiempo de calidad. Si vas a seguir contestando al móvil, lo dejamos aquí y quedamos otro día». Si sigue haciéndolo, vete.

- **Te dice: «Eres tonta» o «Lo que dices no tiene sentido».** Respóndele: «No me vuelvas a llamar "tonta", no me gusta este tipo de calificativos». Si insiste en que es una broma, dile: «No pasa nada, pero no lo vuelvas a hacer». Si sigue, no le diría nada más, intentaría largarme lo antes posible y no volvería a quedar con él. Si te ríes cuando te insulta y no le respondes, permites abusos. Si te dice que exageras por marcar límites, te está haciendo luz de gas y te invalida emocionalmente.
- **Te avisa el mismo día para quedar.** Es importante que respete tu tiempo. Tiene que avisarte, como mínimo, con tres o cuatro días de antelación. Si no, haz planes y, cuando un día antes te pregunte si te apetece quedar, respóndele: «Ya tengo planes. Si quieres, la próxima vez avísame con varios días de antelación». Debes cumplir tus límites, adviérteselo y luego hazlo. Si te pregunta si puedes quedar ese mismo día y aceptas, no respetas tus reglas. Cumple lo que le dices o te perderá el respeto. Sé muy firme con tus límites. Eres tú la que decide lo que permites y lo que no. No hagas nada que no quieras. Si te cancela el mismo día y no tiene una megaexcusa, no vuelvas a quedar con él.
- **No te escribe en tres días.** No te muestres molesta, no es tu novio. Si después de ese tiempo te manda un «Hola», respóndele con un «Hola» pasadas unas horas o no contestes. Cuando te enfadas con un hombre, le das poder sobre ti. La vida no tiene tanto drama: marca un límite o aléjate de él. Hay otra forma muy potente de poner límites: ignorarlo sin enfadarte.

Nunca serás la mujer ideal para todos, ni todos los hombres son para ti. Si no es el tuyo, al siguiente.

Una vez que has sacado a la luz a la diosa de la seducción que llevas dentro, veamos cómo triunfar en el mundo del *dating*. ¡Sigue leyendo con atención!

EL *DATING* EXITOSO EN CINCO PASOS

Cuando conoces a un hombre que puede llegar a ser tu pareja potencial, tienes que aplicar los cinco pasos que te presento a continuación:

Paso 1. Primer contacto: online u offline
Cuando encuentres a un hombre que te mole, ya sea en una app de citas o en la barra de un bar, habla con él y daos los teléfonos. En este punto, puedes ser tú la que inicie la conversación. ¡Total, no te conoce de nada!

Paso 2. Chatea
Tras el contacto inicial, empieza a preguntarle lo que te interese saber sobre él de forma espontánea, natural, ingeniosa y divertida. Hazle las preguntas obligatorias antes de la primera cita. Cuanta más información obtengas en este momento, mejor. No te recomiendo que chatees con él más de una semana. Si te atrae por encima de 7 y ha pasado el filtro del chateo, ve al paso 3. Por el

contrario, si has detectado banderas rojas, deja de hablar con él y no des ningún otro paso con este candidato.

Paso 3. Analiza sus redes sociales

Puedes pedirle sus redes (la que más use) para averiguar cómo es, qué amigos tiene, si sigue a muchas chicas, etc. Este paso te aportará una información valiosísima sobre quién es. Algunas personas tienen una segunda cuenta de Instagram para dársela a sus ligues porque no quieren que vean lo que hay en la personal, pero otras solo tienen una, aunque contienen poca información. También puedes googlearlo: pon su nombre y el lugar donde trabaja (si lo sabes) y, con esos datos, averiguarás más cosas sobre él. Pero cuidado que no parezca que lo estás stalkeando.

Paso 4. Haz la videollamada de descarte (opcional)

Para comprobar si es quien dice ser y si coincide con su descripción física, pídele una videollamada, sobre todo si tienes dudas. Con este paso te ahorrarás mucho tiempo: podrás confirmar si es real o si se ha creado un perfil falso. Algunas mujeres solo la piden si no les atrae mucho. De lo contrario, saltan al paso 5. Si lo has conocido cara a cara, no será necesario.

Paso 5. Ten la cita presencial

¡Ha llegado el momento de la verdad! El momento de tener tu primera cita cara a cara y descubrir qué sensaciones te genera esa persona y si querrás seguir conociéndola. Para una primera toma de contacto relajada, es buena idea quedar unos cuarenta y cinco minutos para tomar un café a la hora del almuerzo o después del trabajo; antes de la cita, avísale de que luego tienes que volver a la oficina o ir al gimnasio. Quedar para una cena larga y no poder escapar —llegado el momento, puede ser que sea eso lo que desees— no es lo ideal.

Una vez que sabes qué pasos debes seguir con cada candidato, tienes la opción de conocer a varias personas a la vez, como hacen en Nueva York; esta opción más rápida se llama «las citas rotativas». Tal vez te sirva.

El método neoyorquino del ligoteo: citas rotativas

Este sistema lo descubrí cuando vivía en la Gran Manzana. ¡Esas mujeres viajan a otra velocidad! Me contaron que, como querían conseguir pareja en menos de tres meses, usaban la táctica que te voy a detallar a continuación. Si es demasiado para ti, guárdatela a título informativo o inspírate en ella. Yo la incluyo porque no quiero dejarme nada, que lo sepas.

Las citas rotativas consisten en salir con varios hombres el mismo día para comprobar si alguno puede llegar a ser tu potencial pareja, pero sin tener sexo con ninguno (para que no te dé el pico de dopamina adictivo y te enganches). Te aseguro que funciona y que no te desgastas en el proceso. Puedes adaptarlas a tu ritmo, pero la base es la siguiente: para optimizar el tiempo, quedas el mismo día (sábado, por ejemplo) con tres hombres seguidos, uno a las cinco de la tarde, otro a las seis y el último a las siete. Citaos en sitios que estén cerca, pero no en su barrio o en lugares a los que suelan ir. Cada cita dura unos cuarenta y cinco minutos, y, en el cuarto de hora que te sobra, vuelas al lugar en el que hayas quedado con el siguiente. ¡Alucíné cuando me lo contaron! Por algo es la capital del mundo... En Nueva York, las mujeres son muy eficaces y productivas con su tiempo, lo potencian al máximo en cualquier ámbito. Es otra forma de entender la vida y actuar, ni mejor ni peor, solo diferente. ¡No las juzgues!

Muchas me dicen que, con este método, no se desgastan durante el proceso, optimizan el maquillaje y solo tienen que arreglarse una tarde a la semana, en vez de cada día para quedar con un tipo diferente e hipotecar su tiempo. Pero nunca le digas a un hombre que utilizas este método.

¿Cómo te sientes? ¡Felicidades por seguir tan positiva! Una vez que has descubierto los pasos del *dating* exitoso, voy a enseñarte los errores de manual que se hacen en el mundo de las citas. No levantes los ojos del libro. ¡Sigue leyendo!

LOS ERRORES EN EL LIGOTEO

Qué típico es equivocarnos en el *dating* con los hombres El hecho de identificar tus errores no es para que te machaques, sino para que aprendas y perfecciones tu método del ligoteo. Veamos ahora los errores más comunes:

- **No ser puntual.** En general, llegar tarde es muy irrespetuoso por tu parte y da una primera impresión de ti muy mala.
- **Esforzarte demasiado.** Te pongo un ejemplo, Manuela conoció a otro hombre, Ángel. Llevaban cinco citas y, el día

del cumpleaños de Manuela, él le regaló una rosa roja. Al poco tiempo, por el cumpleaños de Ángel, ¡ella se vino arriba! Le regaló una maleta de viaje de mil euros (sí, lo has leído bien), le organizó una cena para dos en el mejor restaurante de la ciudad (400 euros, que pagó ella) y, como colofón, reservó un hotel romántico con *jacuzzi*, champán y rosas, y también asumió el coste. ¿No te parece desproporcionado? A las dos semanas, él dejó de llamarla.

- **Ser superficial.** No hables de temas materiales. Interésate por él, por lo que le gusta, por quién es y por cuáles son sus valores. Me han contado casos de mujeres que, en la primera cita, le preguntan a un hombre cuánto gana o si su empresa es rentable. No procede, da una pésima imagen de ti y no te deja en buen lugar. Céntrate en la persona, no en lo que tiene.
- **Ser narcisista.** Si dedicas la primera cita a impresionarlo con tus logros, estás metiendo la pata. No sirve de nada que alardees y le desgloses tu currículum.
- **Ser pesada.** ¡Cuidado con la toxicidad! Los hombres necesitan tiempo para enamorarse hasta las trancas de ti. Aunque el flechazo sea inmediato, tienen que pasar horas contigo y conocerte para involucrarse a nivel emocional. No lo agobies: déjalo con las ganas, haz que te eche de menos, que se pregunte si te gusta.
- **Ridiculizar a un hombre.** Se sentirá humillado. Nunca le critiques su físico, su altura, no hagas críticas destructivas, ni en público ni a solas. Si no te convence, déjalo, pero no lo humilles. Es muy distinto a hacerle peticiones de cambio realistas.
- **Estar a la defensiva y mostrarte agresiva.** Montar pollos y broncas a un hombre es un gravísimo error. Es mejor

ignorarlo, dejar de verlo o desaparecer durante un tiempo. Funciona.

- **Creerte todo lo que te dicen los hombres.** De media, las personas sueltan unas veinte mentiras al día; un mentiroso compulsivo, unas doscientas. ¡Tápate los oídos y observa sus acciones!
- **No ser emocionalmente estable.** Pasar de la euforia porque te ha escrito o le has visto al llanto desesperado porque no te ha contestado a un mensaje es desproporcionado. Recuerda que tú eres el centro de tu vida, no él. ¡Mantén la cabeza fría! No te pongas intensita y lo agobies preguntándole por qué no te ha respondido al wasap que le has mandado hace cinco horas. Gestiona la ansiedad. Las personas trabajan y tienen vida.
- **Tener estándares irrealistas.** Te gusta un tipo de hombre, tienes tu prototipo en la cabeza y pierdes el norte en cuanto lo ves. Pero ¿cuáles son los valores importantes? Que sea buena persona, que no te engañe, que te quiera de verdad…
- **Beber demasiado alcohol.** La ingesta de alcohol altera la percepción de la realidad y no deja filtrar bien. Cuando bebemos, se desconecta la zona lógica (corteza prefrontal) y se enciende la emocional (amígdala). Si eso sucede, ¡puedes llegar a soltar algo de lo que luego te arrepientas y te avergüences! Recomendación: máximo, una copa de vino o una cerveza. Si pide una botella, compártela, pero con moderación.
- **Tener sexo muy pronto.** Ten en cuenta que la mujer suele dar sexo buscando amor, pero el hombre finge amor para buscar sexo. Es importante gestionarlo, como verás con detalle más adelante.

- **No hacer caso a su historial romántico.** Si te dice que es un mujeriego y que siempre pone los cuernos, y tú haces caso omiso a ese historial, luego no digas que no te lo advirtió. Es muy probable que seas la siguiente engañada. Pensar que él cambiará o que serás la excepción que confirme la regla es ingenuo por tu parte.
- **No escucharle.** Cuando digo que los hombres hablan alto y claro —salvo que sea un manipulador que te diga lo que quieres oír—, me refiero a que, si te dice que solo quiere sexo, créele. Muchas mujeres no los escuchan porque solo oyen lo que les interesa para seguir enganchadas y engañarse.
- **Enamorarte del potencial de ese hombre y no ver la realidad.** Hay mujeres que se enamoran del cuento de princesas que se montan en la cabeza, dejan volar la imaginación y se proyectan a meses o años vista, en lugar de ver la realidad y darse cuenta de lo que les están dando. ¡Cuánto daño nos han hecho las películas de Disney!
- **Intentar cambiarlo.** Cuando lo conozcas, pregúntate si te gusta tal y como es en este momento, no en el futuro. Si la respuesta es no, quizá no sea el hombre ideal. Puede haber ajustes, pero las personas son como son: él está en su derecho de ser así y tú en el de largarte, si no te convence. Pensar que con tiempo, amor y esfuerzo cambiará es un grandísimo error.
- **Generalizar y ser negativa.** No todos son malos, los hay maravillosos. Tu actitud debe ser siempre esperanzada, positiva y optimista. No generalices ni hagas comentarios negativos. Habla de forma constructiva, desde el aprendizaje.
- **Acelerar el proceso de conocerlo.** ¡No corras! Tampoco en el amor las prisas son buenas. Si aceleras, no verás las

señales de peligro, acabarás intoxicada de oxitocina (la hormona del amor) y no podrás ser objetiva. Cuando conozcas a un hombre que te encanta, ¡respira! Ve poco a poco o acabaréis empachados el uno con el otro.

- **Pensar que sois novios, cuando no es así.** No le digas «Cariño», «Mi sol», «Mi vida» si aún no sois pareja.
- **Contarlo demasiado rápido a tu entorno.** Tener una cita con un hombre no es jurarse amor eterno. Después de la primera quedada, no te metas en el grupo de WhatsApp familiar o en el de tus amigas y les cuentes que has encontrado al hombre de tu vida o al príncipe azul que acabará con tu sufrimiento. Eso es de adicta emocional. No cuentes mucho hasta que no seáis pareja, o luego te sentirás presionada para que funcione porque tu entorno ya lo sabrá.
- **Hablar de tu ex.** Si no has superado a tu ex, no tengas citas. Si ya has trabajado el duelo y has empezado a conocer a otro hombre, háblale de tus relaciones anteriores solo si te pregunta, y muy de pasada, pero déjate siempre en buen lugar. Por ejemplo: «He tenido dos relaciones largas de las que he aprendido mucho. Se acabaron porque se terminó el amor» o da una respuesta corta del tipo: «Simplemente no funcionó». No es lo mismo que decir: «Me maltrataron dos psicópatas narcisistas, fui a terapia durante seis años y los odio». Estos traumas solo se cuentan a tu pareja, y con el tiempo. No le digas a un hombre lo mal que te trató tu ex, que estuviste en una relación tóxica ni que estás sanando. Quizá piense que también él te puede tratar mal.
- **Coquetear con otros hombres al mismo tiempo.** Es una falta de respeto total. Si estás con tu cita en un restau-

rante o en cualquier otro lugar, te guste o no el hombre con el que has quedado, no deberías flirtear con otros en su cara. Intentar ponerlo celoso con esta actitud es inmaduro e irrespetuoso.

- **Estar haciéndote selfis.** Algunos hombres me han contado que, en la primera cita con una mujer, ella se había pasado toda la cena haciéndose selfis con morritos y subiendo historias a las redes para fardar de que estaba en un restaurante de moda. No saques el móvil cuando estés con él, dale tiempo de calidad. Si quieres hacerte una foto allí, llega diez minutos antes y pídeselo a un camarero o, al final de la cena, díselo a él. Si no es una emergencia, no uses el teléfono.
- **Ir demasiado arreglada, desaliñada o vestida de forma inapropiada.** Ajusta tu vestimenta a lo que quieras proyectar. La idea es que te sientas cómoda. Lo más apropiado es algo elegante con un punto coqueto, pero adáptalo a tu estilo. ¡Sé tú, no te disfraces!
- **Comportarte como su madre o tomar el rol de salvadora.** Hay mujeres que van a la primera cita y actúan como si fueran la madre del hombre al que quieren conocer: le dan consejos sin que se los pidan, le preguntan cuándo se afeitará o eligen los platos por él, sin consultarle. No es el momento de ser la madre que lo parió, recuerda que intentas ligar con él. ¡No tiene edad para que le cambies los pañales!
- **Perdonar algo tóxico.** Nunca perdones un comportamiento tóxico. Si necesitas repasar este tema, te recomiendo mi libro anterior, *Adicta a un gilipollas*. En él encontrarás el método infalible para superar una relación tóxica.

Una vez que detectes los errores que has cometido, reflexiona sobre ellos. Poco a poco, irás construyendo tu propio método de aprendizaje. A medida que tengas citas, podrás ir ampliando la lista, lo que te ayudará a ver tus progresos. Espero que no te pase como a Juana. ¡Allá va el siguiente confesionario!

CONFESIONARIO DE LA ANTICITA

LA HISTORIA DE JUANA

Juana, de treinta y cinco años, quedó con Enzo, de cuarenta. Ambos tenían éxito, eran guapísimos y arrolladores. Se conocieron en un evento. Charlaron poco, pero la química fue inmediata y se dieron los teléfonos. Cuando llevaban un mes hablando a diario por WhatsApp, acordaron tener la primera cita un viernes por la noche. Juana sentía que era el amor de su vida, tenía todo lo que buscaba en un hombre.

¡Por fin llegó el gran día! Ella estaba tan nerviosa que se cambió veinte veces de modelito (literal) y llegó media hora tarde. En pleno verano, a cuarenta grados, apareció con unas botas de invierno, un gorro de vaquero rosa y un vestido lencero casi transparente. Enzo, en broma, le preguntó si iba a un festival de música country o a un concierto de Taylor Swift.

Fruto de los nervios, Juana empezó a enumerar a todos los candidatos que se morían por salir con ella y le dijo que era afortunado por haber conseguido la cita. Además, le contó lo forrada que estaba y le aseguró que era un partidazo. Por si fuera poco, bebió de más (solo le faltó el agua de los floreros): se enchufó solita una botella de vino y varios chupitos de tequila hasta que acabó vomitando en el baño del restaurante.

Después de echar lo más grande por el inodoro, volvió a la mesa e intentó besar a Enzo en la boca. Cuando este la rechazó, se puso a gritar que quién se creía que era para girarle la cara, que no estaba tan bueno como se pensaba. A todo esto, él estaba flipando, casi no dijo nada en toda la noche. Después Juana se puso a llorar y montó un culebrón dramático, soltó frases del tipo: «Todos los hombres sois unos capullos» y luego se carcajeaba como la niña de *El exorcista*. Educado, Enzo le dijo que la acompañaba a un taxi, pero ella se negó. Entonces, Juana empezó a hacerse selfis y fotos con él, y las colgó en las redes.

Enzo no pudo más, bastante aguantó. Estaba en shock, y le dijo a Juana que daba por finalizada la cita. Consiguió meterla en un taxi y cada uno se fue a su casa. Él alucinaba con lo que había pasado esa noche... Sin embargo, Juana no se quedó ahí, sino que empezó a mandarle mensajes insultándolo. Estuvo así una semana. Enzo no le contestó jamás.

Cuando se le bajó la resaca emocional, Juana me llamó abochornada por el lamentable espectáculo que había dado y empezó terapia psicológica inmediata.

LA DAMA DE HIERRO DICE:
«¡TENGO UNA PREGUNTA EXTRA PARA TI!»

MI QUERIDA GUERRERA, ¿qué hubieras hecho en este caso?

a) Lo mismo que Juana, ¡qué divertida es! No pasa nada por liarla un poquito en una cita.
b) Pedir chupitos de tequila para todo el bar y que invite Enzo. Si te animas, tirártelos por el escote.
c) Llegar puntual, dejar hablar a Enzo, beber una sola copa de vino y escucharle.

Qué distinto hubiese sido si Juana le hubiera mostrado su personalidad de verdad, que es genial. Probablemente, el desenlace hubiera sido otro. ¡Los nervios te pueden jugar una mala pasada, y el alcohol también! Ve tranquila, sé tú.

Una vez que tienes claro cómo evitar las anticitas y no cometer errores de Perogrullo, ha llegado el momento de la verdad: tu primera cita. ¡La prueba del algodón!

LA PRIMERA CITA

Antes del primer encuentro con ese hombre que sientes que podríais llegar a ser pareja, ten en cuenta estas últimas indicaciones.

Antes de la cita

- Te recomiendo que quedes a tomar algo después del trabajo, sobre las ocho de la tarde, siempre entre semana. Así te reservas el sábado y el domingo para ti, para tus amigas… Si trabajas al día siguiente, díselo, y no será tan incómodo dar por finalizada la cita. Hay gente que queda para tomar un café a media mañana o después comer, si le cuadra.

- Evita que tu pretendiente te recoja en casa, mantén tu dirección en privado. Puedes sugerirle un barrio y acercarte al sitio en el que quedéis.
- Si te pregunta adónde te apetece ir, pídele tres opciones y elige una. No vayas a su casa ni dejes que él vaya a la tuya. Tampoco te recomiendo ir al cine; no se puede charlar. Si eres tímida, visitad una exposición que os ofrezca un tema del que hablar, pero, si quieres conocerle, lo mejor es quedar a tomar un café.
- El lugar de la quedada tiene que ser público.
- Muchas personas no dan su número de teléfono hasta la segunda cita.
- Si estás nerviosa, no pasa nada. Ese día, antes de veros, ve al gimnasio o date un baño relajante. Acude sonriente y de buen humor.

Durante la cita

- Antes de quedar, tendrías que haber averiguado lo que busca, pero, si aún no estás segura, ya sabes lo que te toca. Si te pregunta qué quieres tú, di: «Busco una relación de pareja; ver si aparece la persona adecuada para mí». Nada de: «Casarme y tener hijos».
- En las primeras citas, déjate en buen lugar. Recuerda que no conoces a esa persona, no sabes cómo es, así que controla lo que le cuentas sobre ti. Quizá se burle de tus traumas o de tu dolor, o puede que demasiada información mal dosificada

juegue en tu contra. Sé prudente. Al principio, todo lo que cuentes sobre tu vida, tu infancia o tu pasado amoroso debería ser en términos positivos o destacando los aprendizajes que has obtenido.

- Algunas mujeres me dicen que no quieren mentir, y no te lo aconsejo. Empezar una historia con mentiras no va a ningún lado. Pero siempre puedes omitir lo que no quieras contarle en ese momento. Con el tiempo y la confianza, cuando seáis pareja, ya le explicarás tus vivencias más profundas.
- Si te sientes más segura, manda a tus amigas la ubicación del restaurante o lugar en el que estés.
- Sé puntual, respeta el tiempo de los demás, al igual que él debe respetar el tuyo.
- Si llega tarde, no esperes más de media hora. Si te quedas, todo dependerá de la excusa y la actitud que muestre. ¡Valóralo!
- Yo lo saludaría con dos besos en la mejilla y una gran sonrisa.
- El ángulo ideal para sentarse en el restaurante o lugar de la quedada es de cuarenta y cinco grados, ya que de este modo estaréis más cerca. También podéis sentaros uno al lado del otro, como los franceses (en mesas de cuatro), o enfrente, pero, si estáis en un sitio ruidoso, quizá no os oigáis.
- Es clave que lo mires a los ojos mientras te habla. Sube y baja la mirada por su rostro y, a veces, paséala por tu plato, la taza o el local.
- Pide lo que te apetezca, pero no hables con la boca llena, porfi. Si te mola ese hombre, disfruta de los silencios sensuales.

- Guarda el móvil y céntrate en tu cita.
- Diviértete con él.
- No aceptes viajes impulsivos.
- Si te pregunta qué tal te van las citas, responde: «Fenomenal» y sonríe. No des más detalles, ¡diviértete!
- En este primer momento, puedes plantearle varias preguntas:
  - ¿Qué es lo que más te emociona?
  - ¿Qué te gusta hacer?
  - Si pudieras viajar a cualquier parte del mundo, ¿adónde irías?
  - ¿En qué países has estado?
  - ¿Cuál ha sido tu viaje favorito?
  - ¿Hace cuánto que conoces a tu mejor amigo/a o a tus amigos?
  - ¿Cómo crees que te describirían las personas que más te conocen?
  - Lleva tus respuestas pensadas, por si te devuelve alguna de tus preguntas.
- Si te gustaría volver a verle, podéis compartir postre. Es un buen preludio para el romance.
- Si te pregunta si vais a repetir, puedes responderle, sonriendo: «Muchas gracias por la cita. Lo he pasado muy bien» (si es así). No le digas: «Me encantaría volver a quedar»; que se la juegue él primero.
- Pueden producirse situaciones muy incómodas, como cuando la mujer coge la cuenta para pagar. Si quiere invitarte, déjalo. Si prefieres pagar a medias, pregúntale cómo lo hacéis.
- No hables muy alto, ¡no estás pidiendo la vez en la pescadería! Respeta los silencios, sonríe, mírale y bebe poco.

- No alargues la cita más de dos horas. ¡Que se quede con las ganas! Dile: «Se me hace tarde, debo irme. Tengo cosas que hacer» o «Mañana madrugo».
- Si te acompaña a tu coche o al taxi, ¡suma puntos!
- La recomendación de besarse suele ser a partir de la segunda cita, pero todo puede adaptarse a las circunstancias. Son pautas orientativas, aunque, por lo general, en este momento no sabrás si se merece tus besos.
- Yo no iría a tomar una copa o un vino ni quedaría con él al día siguiente.

Después de la cita

- Lo ideal es que te escriba en cuanto llegues a casa: le gustas tanto que no puede controlarse.
- No le escribas tú, espera a ver si le interesas.
- Deja que sea él quien proponga una segunda cita.
- Si te pide que le escribas al llegar a casa, dile que él también lo haga y sonríe.
- Si no estás interesada y él insiste en volver a quedar, sé clara y mándale un mensaje: «Hola, (su nombre). Gracias por la cita, pero no he notado ningún tipo de química entre nosotros. Te deseo lo mejor, cuídate. Un abrazo». Si responde, no le contestes. Si insiste, ¡bloqueo que se ha ganado!
- Si es un hombre maravilloso, te gusta entre un 6 y un 8, te atrae, no te emociona, pero tiene potencial, le daría hasta tres citas para ver qué pasa. Puedes incluirlo en tu rotación.

Veamos ahora las banderas que te puedes encontrar en tus primeras citas.

Banderas rojas en la primera cita

Estas son las actitudes que nunca debes tolerarle a un hombre en una cita, ya sea la primera o las siguientes. Y, por supuesto, no vuelvas a quedar con él. ¡*Red flags* en toda regla!

- Es maleducado con los camareros.
- Intenta que bebas alcohol: cuidado, pretende bajarte las defensas.
- Solo habla de sí mismo, puede ser un narcisista.
- Cuando acaba la cita, no te escribe para ver si has llegado bien a casa. No le preocupa tu seguridad.
- Hace comentarios sobre el precio de todo y habla del mucho o poco dinero que tiene. Quizá le obsesione el *money*, sea un materialista redomado o le acompleje no tener suficiente.
- Siempre está pendiente del móvil.
- Es una persona agresiva o conflictiva, o cuestiona tus ideas sin respeto.
- Habla mal de las mujeres.
- Te habla de su ex sin que le preguntes. Puede que no lo haya superado.
- Se emborracha o se droga.
- Añade las tuyas: ____________________

Estas banderas rojas te indicarán que debes terminar la primera cita en ese instante:

- Sientes que estás en peligro. Por ejemplo, te cuenta que su ex le puso una orden de alejamiento por maltrato. En cuanto puedas, termina la cita, y evita que te acompañe a casa.
- Es realmente irrespetuoso contigo.
- Se crea una situación insoportable o tiene una actitud inadmisible. En esos casos, dile que te tienes que ir, que tienes cosas que hacer.
- Añade las tuyas: ___________________

Ahora ya sabes cuándo salir corriendo de una primera cita. Si todo ha ido muy bien y te ha gustado, observa qué hacer en las siguientes.

LAS SIGUIENTES CITAS

Una vez que hayas tenido la primera cita, pregúntate cómo te sentiste y estate atenta al desarrollo de las siguientes semanas.

Identifica los IDIS (identificadores de interés)

Lee atentamente estos indicadores de interés y marca con una × lo que te gusta que haga el hombre con el que quedas. Cuantos más selecciones, más positivo será para que averigües qué interés tiene en ti. Hazlo tantas veces como chicos quieras evaluar:

Después de la primera cita:

- ☐ Te escribe en cuanto llega a casa y te pregunta si has llegado bien, o te dice que le encantas.
- ☐ Intenta acelerar el proceso de conoceros y quiere verte en todo momento (ve ajustando su intensidad a tu ritmo).
- ☐ Se esfuerza a diario por hacerte feliz.
- ☐ El sentimiento es recíproco y sano. No sientes que tengas que perseguirlo, todo fluye.
- ☐ Te piropea y te dice que eres muy guapa, muy lista… Se siente afortunado por tenerte en su vida.
- ☐ No solo quiere que os veáis en su casa o en la tuya. Hacéis todo tipo de planes fuera.
- ☐ Después del sexo, no se va de tu cama ni de tu vida (si lo hace, solo quería sexo o era un estafador del amor).
- ☐ No te critica ni quiere cambiarte, te acepta tal y como eres. Le encantas.
- ☐ Te escribe a diario por WhatsApp y siempre empieza preguntándote cómo estás.
- ☐ Te llama por teléfono o hacéis videollamadas.
- ☐ Te cuenta su día, todo lo que hace y lo que le preocupa a nivel laboral o en diferentes áreas de su vida.
- ☐ Está pendiente de ti, intenta ayudarte o aconsejarte si te ve agobiada.
- ☐ A su lado, estás tranquila, sientes paz.
- ☐ La relación gira en torno a las necesidades de los dos. Contigo no es narcisista ni egoísta.
- ☐ Quiere ser tu pareja y te habla de un futuro juntos.
- ☐ Es generoso: te compra detalles, como flores o bombones.

Después de entre tres y seis meses saliendo como pareja:

- ☐ Quiere presentarte a sus amigos y a su círculo social.
- ☐ Quiere conocer a tus amigos e ir a tus eventos.
- ☐ Te lleva a reuniones sociales a las que está invitado.

Después de entre nueve meses y un año saliendo como pareja:

- ☐ Te presenta a su familia: madre, padre y hermanos.

En ocasiones te puede poner a prueba, dejar de contestarte o provocar una pequeña pelea. Si no te responde durante uno o dos días, no montes un drama. Cuando contacte contigo de nuevo, dile: «Qué bueno saber de ti» y sigue como si nada. En las etapas iniciales de la conquista, muchos hombres hacen la «prueba de la cueva»: se esconden y no te contestan para ver si eres emocionalmente estable o si montas un pollo por algo así (el mayor miedo de un hombre es perder su libertad y el de la mujer, quedarse sola). En cambio, si ya es tu pareja y se mete en la cueva durante dos días, deberíais hablarlo.

Las etapas de la conquista

La etapa de la conquista suele durar tres meses. Tiene que convertirse en un desafío e ir progresando poco a poco, a medida que te conozca. ¡No se lo pongas fácil! Averigua si quieres que entre en tu vida o si es mejor dejarlo.

Primer mes: exploración

- Tenéis una o dos quedadas semanales, máximo tres, para no saturaros.
- Hacéis un plan entre semana y otro el finde.
- Hay contacto diario por WhatsApp. Si te escribe cada día, buena señal.
- Sois exclusivos, ninguno de los dos queda con nadie más. Habéis borrado las apps. Después, habéis tenido sexo.
- Se ha quedado a dormir en tu casa o tú en la suya.
- Si dice que quiere ser tu novio en las dos o tres primeras semanas, no aceptes. Dile: «Disfruto contigo, pero debemos conocernos mejor. Necesitamos pasar más tiempo juntos». Durante el primer mes, no te apegues, tienes que conocerlo de verdad. ¡Es el momento más importante!
- Si es una relación a distancia, no duermas en su casa la primera vez que quedéis, menos aún si no lo conoces en persona. Reserva un hotel. Durante las tres primeras citas, tendría que ser él quien se desplazara a tu localidad. A lo mejor es una trampa: te propone que seas su novia para que no salgas con nadie más, pero quizá él tenga a otras personas.

Segundo mes: compromiso

- Ya habéis pasado un día completo juntos.
- Os veis de tres a cuatro veces por semana y dormís en casa de uno de los dos.
- Habéis hecho una miniescapada romántica de un fin de semana.
- Ya debería haberte pedido salir o hablar sobre qué sois.

Definir la relación es fundamental para saber en qué punto estáis. De lo contrario, te sentirás confundida, perdida y sin rumbo. Son conversaciones incómodas pero liberadoras y necesarias. Hazlo cuando estéis solos, en un momento íntimo. No te comprometas con nadie con quien hayas tenido menos de ocho citas.

- Te escribe o te llama por teléfono a diario.
- Cada día os sentís más a gusto y felices.
- Os apuntáis a alguna actividad juntos, como clases de pádel.
- Si tu cumpleaños o el suyo cae en los primeros dos meses, mejor que aún no conozcas a sus amigos, o él a los tuyos. ¡No corras! Si es el indicado, tendréis más cumples que celebrar.

Tercer mes: consolidación

- Habláis a diario, sois pareja y estáis muy enamorados.
- Te ha dicho: «Te quiero».
- Ya habéis hecho algún viaje un poco más largo, pero de no más de tres días.
- Conoces a sus amigos y él a los tuyos, o le has/te ha acompañado a un evento. Hasta más adelante, no te recomiendo que te presente a su familia o tú a la tuya.

Después del tercer mes

- El contacto es diario.
- Deberíais tener claro hacia dónde va vuestra relación y que haya un compromiso. ¡Espero que sí, o no sigas leyendo!
- Vais introduciéndoos en el círculo social del otro y acudís a eventos juntos.

Después del sexto mes

- Vais juntos a bodas de amigos.
- Subís fotos juntos a las redes sociales, pero intenta alargar al máximo lo de publicar vuestro amor.
- Os tomáis unas vacaciones de una semana. Es una prueba de fuego.

Después del año

- Conoces a sus padres. A los hermanos o primos puedes conocerlos antes.
- Habláis de proyectos juntos, como cuándo le gustaría a cada uno hacer algo. Por ejemplo: «Tener hijos en dos años».
- Entre el primer año y el segundo, os vais a vivir juntos.

Todo tiene que ser gradual, progresivo y razonable. ¡No os empachéis!

¿Cuándo tener sexo?

En cuanto te conozcan, el primer objetivo de muchos hombres (no de todos) será acostarse contigo, así que es importante que aprendas a gestionar este tema. Si es un conquistador pro y un embaucador de manual, no te dirá que solo quiere sexo: te estudiará para no perder la oportunidad del «chiqui-chiqui». ¡No lo escuches, mira cómo se comporta! Si hay una química superintesa, cuidado: perderás la cabeza.

Las hormonas del sexo

Si te acuestas con un hombre, aumentan los sentimientos hacia él porque, tras el orgasmo, suben los niveles de oxitocina, la hormona del amor, y querrás mimos, que te abrace Por lo general, el nivel de oxitocina en las mujeres es más alto que en los hombres.

La otra hormona que la lía durante el sexo es la dopamina, responsable del placer. Esta hará que seas más empática con tu amante y, por ello, se lo justificarás todo. Baja las defensas, te anula el juicio, te apegas y, en consecuencia, te encariñas con esa persona.

Para que un hombre se enamore, tiene que segregar testosterona (hormona del deseo sexual), vasopresina (hormona de la fidelidad) y dopamina (hormona del placer). Si solo quiere sexo, antes de conseguirlo segregará testosterona y se le despertará el deseo hacia ti (o hacia otras). Después del polvete, aparecerá la dopamina: se relajará y sentirá placer. Sin embargo, si solo eras un «aquí te pillo, aquí te mato» para él, no segregará oxitocina ni vasopresina, es decir, no se enamorará de ti ni te será fiel. Por eso, después del sexo, muchos pierden el interés. Tendréis que pasar mucho tiempo fuera de la cama para conseguir el pack completo.

IDEAS CLAVE
¿CUÁNDO TENER SEXO?

✓ **Situación 1. Si lo ves como un hombre-polvete.** Si para ti solo es eso y sabes manejarlo, adelante, hazlo, pero no esperes nada a cambio. Cuidado con vender la errónea idea de que ser empoderada sexualmente es follar con todos sin responsabilidad afectiva. A veces no es real. Solemos esperar algo, aunque solo sea un mensaje al día siguiente. He visto a cientos de mujeres que se quedan hechas polvo si, después del sexo, el hombre no las vuelve a llamar. No hagas nada que te haga daño.

- ✓ **Situación 2. Si te gusta como pareja.** Si ves potencial a una futura relación con él, no tengas sexo hasta que no haya exclusividad o sea tu pareja.

Por internet encontrarás muchas teorías respecto a cuándo tener sexo con un hombre. Por ejemplo, las personas que basan su criterio en el número de citas que hayas tenido, te recomendarán el sexo a partir de la quinta. Algunos hombres con mentalidad machista piensan que, si te acuestas con él en las primeras citas, lo haces con todos. Me parece muy injusto que el hombre sea un seductor si se tira a muchas y, si lo hace la mujer, se gane una mala reputación. Personalmente, ni me acercaría a un hombre que pensase así. Aunque no siempre funciona, cuanto más esperes a tener sexo, mejor.

Si un tipo te pregunta cuándo tendrías sexo con un hombre que te encanta para formalizar la relación, pero aún no habéis llegado a ese punto, dile: «No tendré sexo con un hombre hasta que sea mi pareja». No le digas: «No tendré sexo contigo hasta que seas mi novio», parecería que estás ansiosa por ser su pareja, y no es así. Habla siempre de los hombres en general. Y si él, cuando le digas eso, te pide que seas su pareja, piensa que puede ser una estrategia para tener sexo en ese momento.

No te acuestes con el hombre que te gusta si no es tu pareja o, al menos, si no hay exclusividad entre vosotros. Algunas mujeres no se comprometen con un hombre hasta que no averiguan si funciona en la cama. Otra opción es hablar con él y, si saca el tema, decirle: «Para acostarme con alguien, debería tener exclusividad, saber que no quedas ni hablas con otras mujeres, que quieres conocerme y ver adónde vamos juntos». Así, cuando tengáis sexo, os parecerá mucho más real y generaréis una conexión íntima y especial entre vosotros.

Si no puede esperar a conocerte más, huye. Solo busca sexo, no respeta tus límites y te presionará para obtenerlo. Si no lo consigue, puede que desaparezca o que aguante hasta la tercera cita para ver si te lleva al huerto. En caso contrario, pasará a la siguiente en su «chorbiagenda».

Con este método marcas un límite: no estás dispuesta a invertir en hombres que no te den exclusividad. Es lo mínimo que te mereces.*

Atenta al siguiente apartado, en el que te explico qué debes hacer para no caer en los ligues envenenados. ¡Abre bien los ojos, querida lectora!

* Todos los tiempos de este capítulo son orientativos, ajústalos a tu ritmo. Las mujeres adolescentes (vírgenes) quizá necesiten un mínimo de seis a nueve meses para tener sexo con su pareja, ya sea porque es la primera vez o bien porque no se sienten preparadas. Nunca te fuerces a tener sexo. Y, por supuesto, siempre con preservativo. Cuidado con las enfermedades de transmisión sexual y los embarazos no deseados. Hazte una analítica cada seis meses o una revisión ginecológica anual. Muchas mujeres pillan infidelidades a sus parejas al percatarse de que les han transmitido una enfermedad.

LOS LIGUES ENVENENADOS

Estabas muy emocionada con tu amorcito, pero algo no termina de cuadrarte… Querida guerrera, identifica a los ligues envenenados para aprender a gestionarlos. Estos son los nueve casos más comunes:

Caso 1. No sé qué quiere conmigo

Si estáis quedando y no sabes qué quiere, pregúntaselo o aprovecha cuando salga el tema para averiguarlo. Si te da respuestas vagas, mala señal. Elimínalo de tu rotación y no quedes tanto con él, dale espacio y silencio, o *c'est fini!*

Caso 2. Yo tengo mucho interés, pero él no tanto

Debes reequilibrar la relación. Pisa el freno y, si aún no hay exclusividad, céntrate en ti y en otros ligues. Tu excesivo interés puede generarle agobio y presión. Tendría que ser algo equilibrado, así que te recomiendo que recuperes tu poder. No inviertas tiempo y energía en quien no te dé lo que necesitas. Yo adoptaría un rol pasivo y dejaría que él tirase de la relación para ver hasta dónde llega. Cuando recuperéis un equilibrio sano y recíproco, ve dando un poquito más.

Caso 3. No habla conmigo a diario

Durante el primer mes, o hasta que no seáis pareja, tiene un pase que no contacte contigo cada día, aunque no es buena señal. No le montes una escena: anótalo en tu cuaderno de citas como un punto negativo. Después, cuando ya seáis pareja o tengáis exclusividad sexual, el contacto debería ser diario, mutuo y recíproco.

Caso 4. Yo deseo ser su novia y él solo quiere sexo

Espero que este caso te haya quedado claro... Si no, ¡me tiro por el cuarto piso de mi casa! Si quieres que ese hombre sea tu novio, no te acuestes con él a no ser que te dé exclusividad sexual o sea tu pareja. Pregúntale qué quiere contigo. Si te dice sexo, niégate, no vuelvas a hablar con él y bloquéalo.

Caso 5. Su ex sigue mareando la perdiz

Si estáis en una relación de pareja y su exnovia, exligue, exmujer o lo que sea sigue escribiéndole, pregúntale qué ha pensado hacer, deja que te conteste y dile que es libre de hacer lo que quiera, que tiene la última palabra, pero que preferirías que no le respondiera, que le pidiese que no le escribiera más porque tiene pareja (tú) o que la bloquease. Elige la opción con la que te sientas más cómoda. También puedes pedirle que haga un ejercicio de empatía, que se ponga en tu lugar para darse cuenta de cómo se sentiría si tu ex te escribiese, y preguntarle qué le gustaría que hicieras en ese caso. Si sigue hablando con ella y es una bandera roja para ti, plantéate si quieres seguir en esa relación.

Caso 6. Sigue a otras mujeres en Instagram

Si sigue agregando a chicas a sus redes mientras os estáis conociendo, anótalo como una bandera roja. Si te pregunta por qué aún no has decidido ser su pareja, dile que, para ti, que siga a desconocidas por Instagram o que les dé likes o «me gusta» a sus fotos es una falta de respeto, y que no quieres estar con un hombre que te trate mal.

Hay quien me ha dicho que, cuando un hombre da likes a mujeres, manda una señal de apareamiento, de querer ligar o estar disponible, por mucho que lo niegue. Yo le diría que, mientras lo siga haciendo, no te lo tomarás en serio. Si ya es tu pareja, pregúntale por qué lo hace; muchas veces es por ego. Plantéate si te interesa seguir con un narcisista que necesite engordar su ego a golpe de likes. Y si después de pedirle que deje de hacerlo sigue erre que erre, ¡corta la relación! Tampoco deberías hacer tú lo que no quieras que te hagan a ti.

Caso 7. No se ha desinstalado la app de ligar

Antes de formalizar la relación, comprueba si habla con sus ex o con otras chicas, si queda con supuestas amigas a solas, si da like a desconocidas y si la aplicación de ligar sigue en su móvil. Si es así, dile que esas actitudes no te van y plantéate si quieres seguir conociéndolo. Lo ideal sería que te respondiese que no le interesa quedar con otras y que se ha desinstalado la app. Si no habla de exclusividad, sigue quedando con otros hombres de tu rotación.

Caso 8. Está perdiendo el interés por ti

¡Atenta, guerrera! Existe el hombre champán, el que tiene mucha espuma y poca fuerza, tal como cuento en *Adicta a un gilipollas*: ayer eras la mujer de su vida y hoy te deja. Estos hombres mantienen la euforia durante los tres primeros meses, ya que se enamoran del reto y, en cuanto te conquistan, se aburren y se van.

Al principio, si siente mucha atracción, querrá acapararte, avasallarte y estar contigo en todo momento. Debes aprender a gestionar su entusiasmo: dile que hoy no puedes, pero dale una alternativa, y ve espaciando y distribuyendo las citas de forma equilibrada. Que quiera verte cada día no significa que no tengas que quedar con él. Si una mujer les gusta, los hombres siempre quieren más. Correrán, y tú tendrás que desacelerar o echar el freno.

Es fundamental que asumas ese papel para que la relación, si tiene potencial, funcione. Si a un hombre no se le activa el deseo de acelerar contigo, quizá no tenga tanto interés o solo busque algo temporal.

Este efecto efervescente podría durar hasta los seis primeros meses, de modo que tendrás que ir corrigiendo con castigos los pequeños desequilibrios que detectes: usa el silencio, la falta de disponibilidad o comunícale lo que necesitas. Si se lo dices de forma tranquila, asertiva y educada, y sigue haciéndolo, deja de quedar con él.

Caso 9. Buscas un padre, no una pareja

Los psicoanalistas hablan mucho de los famosos complejos de Edipo y Electra. El primero es cuando, de forma inconsciente, el hombre está enamorado de su madre y busca parejas que se parezcan a ella. En el complejo de Electra, la mujer no ha resuelto la figura de su padre durante la infancia, y en la edad adulta busca la protección en hombres que a veces le sacan más de veinte o treinta años. Aunque en el amor no hay edad, analiza si te está pasando. Dicen que el primer amor de una mujer es su padre. Habría que sanar esas figuras y mantener una relación armónica con nuestros progenitores. Si necesitas trabajar este tema, escríbeme para empezar terapia.

Mi querida lectora, ya has completado el anillo 4. ¿Cómo te sientes? ¿Qué tal estás viviendo este proceso? Quiero felicitarte por llegar hasta aquí, ¡eres una campeona! Hemos escalado juntas el Everest, la montaña más alta, para disfrutar de las vistas más hermosas.

Todo este esfuerzo se verá recompensado cuando te quieras, te valores y tengas a tu lado a un hombre que te ame, te admire y te cuide (aunque con una misma se está divinamente). Recuerda que no hay nada más sexy para un hombre que una mujer que se respeta, que no es adicta a los tíos y que puede estar consigo misma porque disfruta de su autocompañía y su vida plena.

Para poner el broche de oro a este capítulo te propongo la penúltima tarea en acción de este viaje. La información es poder, y este ejercicio te ayudará a ordenar la información a la hora de escoger el mejor candidato para ti.

TAREA EN ACCIÓN
EL EXCEL DEL AMOR

Durante las citas o *dating*, por cada hombre relevante que conozcas, recoge en tu cuaderno la información de vuestros encuentros para que te ayude a elegir a tu próxima pareja. Veamos el ejemplo de Jorge, cuyos datos están en color rojo.

Jorge, cuarenta años
Preguntas obligatorias (de descarte)

- ☐ ¿Nombre y apellidos? Jorge Martínez.
- ☐ ¿Edad? Cuarenta años, lo ponía en la app y me lo confirmó por chat.
- ☐ ¿Le gustaría casarse? Sí.
- ☐ ¿Tiene hijos? No, y no quiere salir con una mujer con hijos.

- ☐ ¿Quiere tener hijos? Sí.
- ☐ ¿Es monógamo o busca una relación abierta? Monógamo.
- ☐ ¿Situación sentimental? Dejó a su ex hace tres meses (posible *red flag*).
- ☐ ¿Cómo se ve dentro de un año? «Cambiando pañales», me dijo.
- ☐ ¿Qué busca en la aplicación? Una relación seria.
- ☐ ¿A qué se dedica? Es abogado y tiene empresa propia.
- ☐ ¿Dónde vive y con quién? Vive en Barcelona, a dos calles de mi casa. Solo.

Método rotativo

- ☐ Paso 1. Primer contacto: online u offline
  En la app de citas (poner el nombre aquí). Su perfil, su foto y su descripción me gustaron mucho.
- ☐ Paso 2. Chateo
  Muy majo y agradable. Hablamos a diario por la app durante una semana y me propuso quedar.
- ☐ Paso 3. Redes sociales
  Solo tiene Instagram, y su cuenta es jma2022. La he revisado, hay amigos y fotos de viajes. No la usa mucho.
- ☐ Paso 4. Videollamada de descarte
  No hicimos antes de la cita, pero superó todos los filtros de las preguntas.
- ☐ Paso 5. Citas presenciales
  En el Excel de las páginas siguientes apunta la información de cada cita:

JORGE: ABOGADO, 40 AÑOS	CITA 1 FECHA: 12 DE FEBRERO	CITA 2 FECHA:	CITA 3 FECHA:	CITA 4 FECHA:
Lugar y hora	Cafetería, a las 9 de la mañana, antes de ir a trabajar.			
Duración	45 minutos.			
Qué hicisteis	Tomar café y charlar.			
Nivel de atracción/ compatibilidad	Atracción: 7. Compatibilidad: 7.			
Contacto físico: besos, abrazos, caricias, sexo...	No. No nos besamos.			
Cómo te sentiste	Muy bien.			
Información relevante obtenida	Tiene tres hermanos, y su madre falleció hace un año.			
Banderas verdes (lo que te gustó)	Quiere formar una familia y tener pareja. Sabe escuchar. Me escribió al llegar a la oficina. Quería una segunda cita. Risas.			

JORGE: ABOGADO, 40 AÑOS	CITA 1 **FECHA:** 12 DE FEBRERO	CITA 2 FECHA:	CITA 3 FECHA:	CITA 4 FECHA:
Banderas rojas	Ninguna.			
Observaciones	Dejó a su ex hace tres meses. Posible duelo no resuelto.			
Qué harás con él	Seguir quedando. Sigue en mi rotación.			
Contacto entre citas	Me escribe cada día.			
Aprendizajes	Esperar a que él me escriba y dejarle con ganas de más.			
IDIS	Proponerme una segunda cita. Escribirme nada más terminar la cita.			
(Añade las columnas que necesites)				

- **Información relevante.** Anota toda la información que vayas recopilando.
- **Notas adicionales.** Escribe lo que quieras añadir sobre él.

Puedes fotocopiar este ejercicio para usarlo como plantilla con cada uno de los candidatos o escribirlo a mano en el cuaderno. Tu tiempo es valioso, mereces una relación que cumpla tus expectativas y enriquezca tu vida. Es muy importante que tengas citas con intención.

Seguro que ahora ya eres la reina del ligoteo y estás preparada para recibir a tu gran amor. ¡A lo mejor ya lo has encontrado! Me alegro de corazón. Estamos llegando al final —jo, qué penita—, pero podemos seguir en contacto por las redes.

Lee el último anillo, el quinto, el capítulo de cierre. Si aún no tienes pareja, tómatelo como teoría, porque en el futuro te vendrá genial contar con esas pautas.

¡Gracias por llegar hasta aquí! Eres maravillosa, estoy orgullosísima de ti.

Mari Trini, me muero de ganas por saber cómo te están yendo las citas. ¡Cuéntamelo todo! Dime si has aplicado el *dating* en cinco pasos, qué armas de seducción usas o qué errores has cometido en alguna cita. Si quieres, añade cuáles son tus banderas verdes, naranjas o rojas. Etiquétame —@psicologa_laraferreiro— o sube una *story* contándomelo. ¡Me encantará conocer tu historia! #ladamadehierro, #niuncapullomas, #datingexitoso, #guerreras.

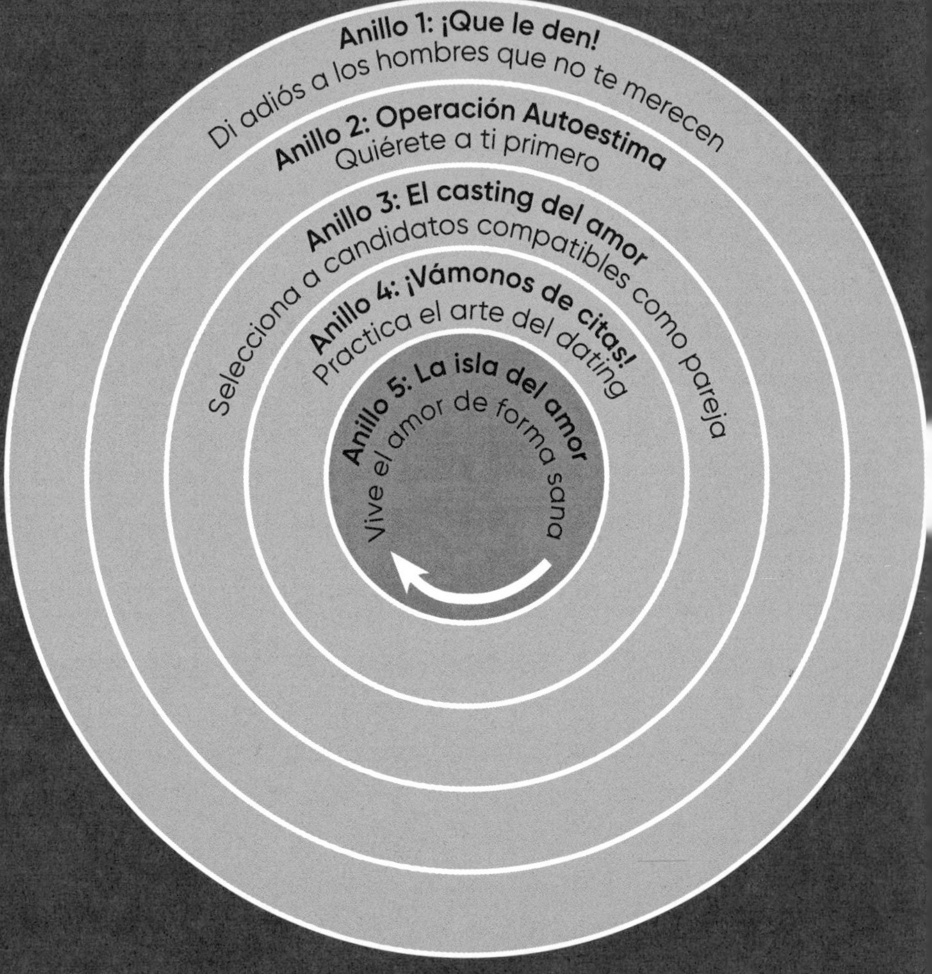

Anillo 1: ¡Que le den!
Di adiós a los hombres que no te merecen

Anillo 2: Operación Autoestima
Quiérete a ti primero

Anillo 3: El casting del amor
Selecciona a candidatos compatibles como pareja

Anillo 4: ¡Vámonos de citas!
Practica el arte del dating

Anillo 5: La isla del amor
Vive el amor de forma sana

5

LA ISLA DEL AMOR

Vive el amor de forma sana

Mi queridísima guerrera, ¡¡has llegado al último anillo!! Está pensado para cuando ya tienes pareja, pero, si no es así y lo quieres leer, ¡hazlo! Aquí me refiero a las mujeres emparejadas, gracias a lo que has aplicado en los cuatros anillos anteriores.

No sabes la ilusión que me hace verte así: feliz, contenta, serena y relajada. En este último anillo, ¡ya no estás sola! ¡Enhorabuena, PAREJITA! Hasta ahora te he acompañado en el apasionante viaje del mundo del ligoteo, pero desde este momento dejaré en tus manos el timón de la nave para que la dirijas hacia la isla del amor. Ten en cuenta que, a veces, estas aguas cristalinas de color turquesa serán turbulentas… Con paciencia, gestión emocional y una comunicación eficaz, todo se puede gestionar.

Para aprender a fondear las aguas del amor, sigue leyendo. ¡Presta atención, que es el último capítulo juntas! Snif, snif… En él tendrás que ir identificando en qué etapa de la pareja estás para trabajar esa fase desde diferentes expectativas.

LAS SIETE FASES DEL AMOR

Querida amiga, las relaciones de pareja y el amor son muy difíciles, lo sé, pero el esfuerzo tiene su recompensa. Son los momentos mágicos por los que merece la pena vivir, ¡y nos enamoramos! Aunque estés con una persona sana y maravillosa, y (estoy segura) tú también lo seas, pasaréis por momentos malos. No tires la toalla a la primera de cambio. Estamos en una sociedad que fomenta lo inmediato, las cosas pasan sin que tengamos que esforzarnos mucho y todo parece fácil y perfecto, pero no lo es. Lucha por lo que vale la pena mantener. Rodéate de personas que te valoren y hagan bien a tu mente y a tu corazón, no lo olvides.

En toda relación de pareja hay siete fases, aunque no todos los tortolitos son capaces de llegar hasta el final... Algunos se caen por el camino o se resienten, y otros van saltando obstáculos día a día.

En cada fase se producirán situaciones distintas que deberás aprender a manejar para que el barco llegue a la isla del amor y no acabe en el fondo del océano, como el Titanic.

1. **Fase inicial: atracción física y deseo.** Cuando miras a un hombre a los ojos por primera vez, solo necesitas siete segundos para saber si te atrae. ¿No es alucinante? La atracción se da de forma inconsciente por muchas variables: se parece a ti, encaja con tu prototipo físico...
2. **Fase luna de miel: enamoramiento.** Es la etapa que todo el mundo querría que durase para siempre. Todo es precioso, romántico, intenso y apasionado. Tienes muchísima libido sexual hacia la otra persona. Él habla más que nunca, se muestra supercomunicativo, pero tú quieres más sexo que en ninguna otra fase, en términos estadísticos. Sin embargo,

es solo una campaña electoral: se muestra una versión edulcorada de nosotros… Quizá luego no seamos así.

3. **Fase de vinculación y apego.** Tras el enamoramiento, te vinculas con la otra persona de forma profunda. Ya sois una pareja estable, os conocéis más.
4. **Fase de tranquilidad.** Después de entre dos y cuatro años juntos, llega la serenidad, la calma, el sosiego y la paz. Ya han desaparecido los fuegos artificiales del principio, pero os encanta la posibilidad de transformar la relación en algo más trascendente y profundo.
5. **Fase de crisis o ruptura.** En este momento se producen rupturas, divorcios e infidelidades. Hay tres tipos de crisis en la pareja:
   - **Crisis evolutiva.** Cada cierto tiempo, por lo general cada cinco años, se produce un acontecimiento importante que lo cambia todo —como tener hijos— y la pareja debe adaptarse a la nueva situación.
   - **Crisis estructural.** Si vuestros objetivos son distintos desde el principio —por ejemplo, él quiere vivir en Australia y no tener hijos, y tú deseas vivir en Madrid y tenerlos—, la relación no funcionará.
   - **Crisis individual.** Un miembro de la pareja, o los dos, tiene un problema personal importante que lo deprime y le produce ansiedad —un despido, la muerte inesperada de un ser querido, una enfermedad grave…—. Estas crisis individuales suelen afectar a la pareja.
6. **Fase de amor profundo.** Una vez superadas las crisis, se pasa a un amor profundo, de compañeros. Mis padres llevan casi cincuenta años juntos y se quieren de una forma admirable.

7. **Fase de despedida final.** Esta es la última pantalla del amor: compartís la vida hasta que sois viejitos, como mis abuelos. Germán y Consuelo llegaron juntos a los noventa y pico años.

Ojalá todos lleguemos a tener un amor tan profundo y sano como para acompañarnos hasta el último día de nuestra vida. No sé si las generaciones más jóvenes vivirán algo así, pero estoy convencida de que, en el amor, lo importante es ser feliz en pareja, sin importar el tiempo que compartáis, que sea sano y que saquéis lo mejor el uno del otro. Para ello, aplica los ingredientes adecuados en la receta del amor que verás a continuación.

LOS INGREDIENTES IMPRESCINDIBLES EN EL AMOR

Como buen chef del amor, voy a darte mi receta secreta. Para saber que estás en la relación correcta, fíjate en los siguientes ingredientes. Si quieres añadir otros, hazlo. Al final, ¡cada maestrillo tiene su librillo! Como mínimo, se necesitan estos ocho para que la receta sepa a algo y la comida tenga buen sabor:

1. **Disponibilidad.** Observa a tu pareja y fíjate en su nivel de disponibilidad hacia ti: te informa de lo que hace, está accesible, conectáis y sientes que eres su prioridad.
2. **Generosidad.** Es clave, el amor es generosidad. Tu pareja y tú debéis ser generosos el uno con el otro, pero no solo a nivel económico, pues compartís todo lo que tenéis, sino también por lo que se refiere a las emociones: te piropea, te

hace favores… Una persona poco generosa en lo económico también lo será en lo emocional.

3. **Compromiso.** Es fundamental que os comprometáis en la relación de pareja: pactar que estaréis el uno con el otro y tener una responsabilidad mutua y una relación monógama (si ese es el pacto), estable y respetuosa.
4. **Felicidad.** No todo vale para estar en pareja, debéis ser felices el uno con el otro. Tenéis que sacar lo mejor de vosotros mismos.
5. **Perfil psicológico sano.** Para estar en una relación de pareja, debéis estar bien los dos. Si alguno, o los dos, tiene un problema psicológico sin resolver o heridas del pasado sin cicatrizar, le recomiendo ir a terapia.
6. **Crecimiento.** En pareja, ambos debéis sentir que crecéis juntos, que sacáis la mejor versión del otro. Estar juntos os enriquece como personas y os hace salir de vuestra zona de confort.
7. **Comunicación.** Cuando necesites algo de tu pareja, no se lo exijas desde la queja o la crítica, pídeselo. Por ejemplo, si ha dejado tirados los calcetines, una mala comunicación sería decirle: «Eres un guarro, siempre igual, dejando los calcetines por el suelo». Lo etiquetas como «guarro» y utilizas absolutismos, «siempre». En vez de eso, dile: «Los calcetines están en el suelo. ¿Te parece que ponga un cesto y los echas ahí?». De este modo, no lo etiquetas, describes la situación de forma objetiva y propones una solución. ¿Ves la diferencia?
8. **No a los jinetes del apocalipsis del amor.** Gottman, el famoso Doctor Divorcio, concluyó en sus estudios que, si en tu comunicación en pareja usas alguno de estos cuatro jinetes, o todos, podrías acabar en divorcio: críticas, desprecio,

actitud defensiva y actitud evasiva (pasar de tu pareja). ¡No los uses! Genera mucho resentimiento.

Si quieres tu propia hoja de ruta para las relaciones y no naufragar en la isla del amor, averigua cuáles son tus ingredientes extra para la receta.

Conocer los cinco idiomas del amor y aprender a usarlos también te ayudará mucho en tu relación de pareja. ¡Sigue leyendo!

LOS CINCO IDIOMAS DEL AMOR

Este es mi último consejo para que no naufragues en tu nueva relación: en el amor hay cinco idiomas que debes conocer. Cada persona tiene un lenguaje que necesita de su pareja y uno que da al otro. Si estás con alguien compatible y habláis el mismo idioma, os entenderéis. De lo contrario, habrá peleas y malentendidos por falta de comprensión. En general, los dos miembros hablan diferentes lenguajes. Explicar esto en terapia ha hecho que parejas que estaban al borde del divorcio llegaran a entenderse y hoy sigan juntas y felices.

Esta teoría se basa en el best seller internacional de Gary Chapman *Los 5 lenguajes del amor*. Para mí, ese libro es una auténtica joya. Su autor afirma que cada persona tiende a expresar y recibir amor de una manera diferente. Estas son los cinco lenguajes: piel, regalos, palabras, tiempo de calidad y actos de servicio.

Imagínate que yo he nacido en España, así que mi idioma nativo es el español. Si mi pareja habla el mismo, no tendremos problemas para entendernos. Pero ¿qué pasaría si él solo hablase alemán y yo únicamente español? No nos entenderíamos, ni siquiera podríamos comunicarnos.

En el amor ocurre lo mismo. Por ejemplo, si dos personas hablan diferentes idiomas, no se comprenderán y surgirán grandes conflictos en la pareja. Si para una persona su idioma es la piel, necesitará que la toquen y le den cariño, como en mi caso. Si te emparejas con alguien que no es cariñoso, aunque te colme de regalos, sentirás que no te quiere. Y no es que no te quiera, ¡es que habláis idiomas distintos!

Conocer, identificar y compartir las diversas formas de amar es una gran ayuda: mejora la comunicación, fomenta la empatía y permite entender al otro. Las cinco maneras en las que puedes dar o recibir el amor de tu pareja son las siguientes:

Idioma 1. Piel

Es la forma más directa de comunicación: abrazarse, besarse, acariciarse, tocarse, mantener relaciones sexuales. Todas ellas son formas de dar y recibir amor. En terapia de pareja, me he dado cuenta de que hay muchas personas cuyo lenguaje principal es el contacto físico. Si las tocan, se sienten protegidas y seguras. En caso contrario, piensan: «Si mi pareja no me besa, abraza, etc., no me quiere».

Idioma 2. Regalos

Para algunas personas, que su pareja les regale algo expresa amor. Piensan que se ha esforzado, que se ha preguntado qué le haría ilusión, que ha ido a la tienda a comprarlo... Por la otra parte, la persona que hace o compra ese regalo disfruta desde que se le ocurre la idea hasta después de dárselo a su pareja.

Tuve en consulta a una pareja en la que a ella le daba igual lo material y los regalos no le hacían especial ilusión. En cambio, a él le encantaba hacérselos, y mostraba su amor de esa manera. Sin embargo, ella sentía que no la quería. Como les hice entender, el problema era que tenían diferentes formas de amar.

Idioma 3. Palabras

A través de las palabras podemos expresar cariño al otro. Se trata de verbalizar términos con significado, como «Tú puedes», «Te amo» o «Qué guapa estás». Te recomiendo que uses frases directas:

- ✓ «Te quiero muchísimo».
- ✓ «Significas mucho para mí».
- ✓ «Me encanta que estés en mi vida».
- ✓ «Me gusta mucho cuando me explicas algo con tanto cariño».

Lo más importante es que sea creíble para quien lo recibe, de manera que es indispensable que la persona que lo transmite lo sienta de verdad.

Idioma 4. Tiempo de calidad

Vivimos en una sociedad rápida y consumista que nos crea falsas necesidades. Cada vez anhelamos una casa más grande, un coche mejor… Eso nos hace olvidar lo que es el tiempo de calidad. Y no es tanto el acto, como ir a cenar a un restaurante de lujo y ponerse elegante, sino disfrutar con tu pareja, escucharle y ser escuchada, sin prisas ni distractores. ¡Apagad el móvil!

Durante el tiempo que compartáis a solas con la pareja debéis comunicaros en un tono emocional, contaros cómo os sentís y reíros juntos. No hay otro objetivo, solo compartir ese tiempo con la persona a la que queréis.

En definitiva, es un tiempo dedicado a la pareja para hacer actividades gratificantes juntos.

Idioma 5. Actos de servicio

Es todo aquello que hago por mi pareja: cocinar, limpiar, encargarme de las tareas domésticas, ir al supermercado o al cole a buscar a los niños, hacer pequeños arreglos en casa… Este lenguaje se trata de agradar sirviendo o haciendo favores a la pareja. No es una necesidad ni una obligación, sino algo que surge con generosidad para agradar o ayudar al otro.

Reflexiona ahora sobre la compatibilidad con tu pareja respecto a los idiomas del amor. Solemos tener uno o dos, los que más necesitamos de nuestra pareja. En mi caso, son piel y palabras.

También es importante que le preguntes a tu pareja en qué idioma necesita que le hables para que se sienta querida por ti. Si quieres profundizar en este tema, visita mi web. Allí encontrarás la explicación de este ejercicio y podrás descargarte contenido adicional.

TAREA EN ACCIÓN
EL CONTRATO DE LA RELACIÓN

Esta es la última tarea del libro. Me encanta porque, salvo las parejas estadounidenses que conocí cuando vivía en Nueva York, nadie habla de los puntos que detallo a continuación. Completad el contrato juntos, poned la fecha y firmadlo los dos. Podéis revisarlo cada seis meses. Es una idea: habladlo para ajustar vuestras expectativas o hacedlo más formal. ¡Como queráis!

Contrato

Nos comprometemos a respetar las normas pactadas en el contrato. Trabajaremos a fondo para que la relación funcione, dando amor, paciencia y comunicación al otro. Sabemos que no siempre será fácil, pero aprenderemos de los momentos difíciles para seguir avanzando juntos.

1. **Fidelidad.** Rechazaremos cualquier intento de aproximación amorosa o sospechosa por parte de otra persona. No haremos lo que no queramos que nos hagan. *(Si mantenéis una relación abierta o poliamorosa, escribid aquí vuestras normas).*
2. **Tiempo juntos.** Cada semana nos veremos (añadir aquí la cantidad de quedadas semanales) veces para darle al otro tiempo de calidad y conexión real. Si alguno de los dos o los dos preferimos quedar otro día porque estamos cansados, lo diremos de forma abierta.
3. **Planes juntos.** Haremos algunos de estos planes de ocio juntos: (escribir aquí los planes y viajes, y revisar cada semana). Aprovecharemos para divertirnos y crear nuevas rutinas.
4. **Horas rosas.** (Añadir aquí el número) veces al mes, le daremos una sorpresa al otro. Solo le diremos que se reserve ese día para las «horas rosas», un tiempo especial para la pareja. Quedaremos solos, sin nadie más, y hablaremos de cosas positivas. *(Por ejemplo, un masaje en pareja, un concierto de piano con cena, un curso de cocina, etc. Tienen que ser planes especiales y sin que la otra persona lo sepa).*
5. **Comunicación.** Cada (poner aquí la frecuencia) nos llamaremos o haremos una videollamada. Los mensajes de WhatsApp se gestionarán así: (definir y rellenar).

- **Ocio individual.** Cada uno necesita (añadir el número) horas a solas semanalmente. Las actividades que quiero realizar solo o sola son (escribir aquí). *(Por ejemplo, ir al gimnasio, quedar una vez a la semana con las amigas o los amigos... En este punto, he visto muchas discusiones de pareja).*
- **Visitas de mi pareja a mis amigos/familia/compañeros de trabajo.** Quiero que mi pareja participe (elegir: mucho, lo normal, poco) con mi entorno. *(Por ejemplo, pactad: «Cada domingo, comida con una u otra familia, en findes alternos»).*
- **Gestión económica.** Mantendremos este modelo económico respecto a los gastos comunes, viajes, regalos...: (añadir aquí). *(Existen muchas formas de gestionar la economía entre las parejas: a medias, de manera proporcional según los ingresos de cada uno...).*
- **Sexo.** La frecuencia que espera mi pareja es (veces por semana/mes) y la mía es (veces por semana/mes). Pactamos cumplir con (veces por semana/mes). Haremos lo posible por cuidar esta parte.
- **Discusiones.** Yo gestiono el estrés (escribir cómo) y mi pareja (escribir cómo). Cuando haya discusiones, cada uno hará (añadir. *Por ejemplo, dejar la conversación de forma amistosa y cambiar de actividad).* Cuando estemos estresados, no lo pagaremos con el otro.
- **Idiomas del amor.** Mi pareja necesita el o los idiomas del amor (añadir) y yo necesito que me dé estos: (añadir). Nos comprometemos a cultivarlos cada día para regar la planta del amor y no acabar en la isla del desamor.

- **Necesidades emocionales.** Mis necesidades son (rellenar: independencia, comunicación) y las de mi pareja son (rellenar). Nos comprometemos a cuidarlas. Si sentimos que uno de los dos o los dos no las está cumpliendo, lo diremos de forma tranquila y con cariño, y estableceremos nuevos pactos.
- **Fases del amor.** Mi pareja está en la fase (anotar una de las siete) y yo, en la de (rellenar). Ambos trabajaremos para avanzar por ellas de una forma sana y constructiva, aunque lleguen crisis.
- **Peticiones.** Yo necesito de ti (poner cinco cosas que quieras que siga haciendo o que empiece a hacer) y tú necesitas de mi (completar).
- **Mentalidad positiva.** Mantendremos una actitud alegre y positiva en pareja. Antes de ir a dormir, yo le contaré las tres cosas positivas del día y él me las dirá a mí. *(Si tu pareja no vive contigo, podéis decíroslo por llamada o por WhatsApp).*
- *(Podéis añadir otros pactos a los que os comprometáis).*

Los dos nos comprometemos a respetar estos pactos.

Nombre y apellidos de los dos: ______________________________

____.

Fecha del acuerdo: ______________________________.

Fecha de revisión (cada seis meses): ____________________.

Firmas: ____.

Puedes fotocopiarlo o escribirlo en una hoja y pegarlo en la nevera. Lo importante es que lo habléis con calma para que no tengáis distintas expectativas.

No estás sola en el proceso. Puedes apoyarte en nuestra comunidad de gladiadoras, guerreras que, como tú, han superado sus problemas de autoestima y han dejado de sufrir en el amor al mejorar sus procesos de selección de la persona que dejan entrar en su vida. Búscame en Instagram para preguntarme por los grupos de apoyo —@psicologa_laraferreiro— o sube una *story* contándome tu proceso. ¡Me encantará conocer tu historia! Si necesitas terapia conmigo, escríbeme al WhatsApp de la clínica o llámame. ¡Estoy aquí, para ti, de forma incondicional! #niuncapullomas, #laisladelamor, #guerreras.

EPÍLOGO
¡Te deseo lo mejor!

Mi querida guerrera:

Estoy al borde de las lágrimas, y eso que lloro poco. No sabes lo que ha supuesto para mí escribir *¡Ni un capullo más!* ¡Es una terapia en sí misma! Te estoy absolutamente agradecida por haber invertido tu tiempo y tu esfuerzo en este libro, por trabajarlo como lo has hecho. Escribir me llena tanto que me emociona. ¡No tengo palabras! Ahora dejaré que vivas desde todo lo que has interiorizado en esta maravillosa aventura al centro del universo del autoamor.

Hemos llegado juntas al final del método de los cinco anillos. Te prometí que no te iba soltar, y aquí estamos. En el primero, aprendiste a despedirte de los hombres tóxicos y comprendiste la importancia de dejar ir a las personas que no te dan lo que necesitas y mereces. Ocupaban un espacio en tu vida y no te aportaban valor. ¡Gracias por armarte de coraje, fuerza y determinación, estoy muy orgullosa de ti!

En el segundo, trabajamos tu autoestima, la base de todo lo demás. La relación más importante es la que mantienes contigo misma. Aprendiste a ser una delfín-leona: si alguien transgrede tus límites, ¡díselo!

En el tercero, vimos cómo hacer un buen casting del amor, cómo seleccionar al mejor perfil, el candidato perfecto para tu vida amorosa. Y ya sabes que no es aquel con el que tengas una química irracional.

En el cuarto anillo, nos fuimos juntas de citas. ¡Qué divertido, lo que llega a esconder esa jungla! Lo hiciste como una fenómena.

Por último, en el quinto, llegamos a la isla del amor. Si aún no estás ahí, la conocerás muy pronto, estoy segura. ¡No pierdas la fe!

Por todo esto, quiero que lo celebremos juntas. ¡Mira que saco una botella de champán de la nevera! Vete a celebrar tu nueva etapa, tu nueva vida desde el amor propio, el autorrespeto y el merecimiento. Te aconsejo que, antes de cerrar el libro, anotes en tu cuaderno los aprendizajes que te llevas.

¿Sabes qué? Tengo la sensación de que te conozco, que hay una relación muy íntima entre tú y yo. Sin saberlo, has cambiado el argumento de mi vida, y aquí estoy, terminando el libro con la piel de gallina. He sacado el tiempo de debajo de las mismísimas piedras, pero ya sabes que yo, por ti, lo que sea.

Agradecida a ti

Me siento infinitamente agradecida por lo que la vida me está dando, la posibilidad de ejercer la psicología, mi pasión desde niña, en diferentes facetas y ámbitos.

Infinitas gracias por ser y estar. Gracias por acompañarme en este camino. Gracias por invertir tiempo en tu sanación, en quererte y cuidarte.

Adicta a un gilipollas fue mi primer bebé, pero *¡Ni un capullo más!* es igual de especial para mí. ¡Estoy sin palabras, emocionada al máximo!

Confía en la vida y en todo lo bueno que te queda por vivir. Solo tenemos una, y hay que disfrutar cada día como si fuera el último.

Si piensas que no hay salida, créeme, la hay, da otro pasito. ¡Sigue caminando!

Esto no es un adiós definitivo, es un hasta pronto.

Cuídate muchísimo.

Te adoro desde lo más hondo de mi corazón, mi querida guerrera.

Nunca pierdas la fe.

Siempre tuya,

LARA FERREIRO
LA DAMA DE HIERRO

BONUS
Diccionario rojo: tácticas tóxicas de las que debes huir

Querida lectora, felicítate, lo estás haciendo genial. Lo has dado todo en este libro y se nota. En este anexo te presento las nuevas tendencias a la hora de interactuar o ligar con alguien, las dinámicas tóxicas de las que tendrás que huir. Si eres tú la que las practica, deja de hacerlo, *please*.

Cada vez que alguien utilice una de estas palabras, ya sabrás qué significa. Las usan mucho, sobre todo, los miembros de la generación Z (los jóvenes actuales). El truco para identificar estos términos es que suelen provenir del inglés y acaban en *–ing*. Para su mayor comprensión, las he traducido al español. ¡No tiene desperdicio! Qué manía con poner los términos en el idioma de Shakespeare, si en el de Cervantes, nuestro maravilloso castellano, se entienden mejor. ¡Sigue leyendo!

Aspiramiento (*hoovering*). Tu pareja se largó, te destrozó, pero, como buen psicópata narcisista, vuelve a tu vida de forma avasalladora con mil promesas de cambio y te dice que quiere retomar la relación a cualquier precio. Habla con tu red de apoyo, amigos y familiares, y se muestra muy arrepentido.

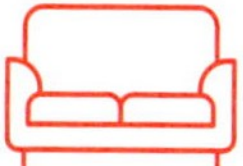

Banquillo (*benching*), también conocido como **tostador** (*roaster*). En realidad no le interesas, pero te tiene ahí, calentando el banquillo, por si se aburre. Eres la suplente y, si el ligue o ligues principales le fallan, te escribe a última hora. Te mereces ser la principal y única jugadora en el partido del amor. Si tu churri tiene complejo de entrenador de fútbol, que vaya a terapia o al Bernabéu a ver un partido él solito.

Bombardeo amoroso (*love bombing*). Campaña electoral que suelen hacer los psicópatas, los estafadores del amor, los manipuladores y los narcisistas para conquistarte. Se comporta como el candidato ideal, pero solo es una estrategia de cortejo: quiere que te enamores de él rápidamente y luego, cuando te pillas, empieza a maltratarte.

Cebo digital (*gatsbying* o *instagrandstanding*). Quieres llamar la atención del hombre que te gusta a toda costa, así que subes a tus redes o estados de WhatsApp fotos en las que sales guapísima y sugerente, o compartes algo para que él se sienta aludido. Con suerte, te dará un «me gusta» o recibirás un comentario suyo. En cualquier caso, el objetivo es siempre despertar su interés. Si tienes que llegar a ese punto, te aseguro que pasa de ti, así que no lo hagas. Querida mía, ¡te mereces a alguien que no te lleve a estos extremos!

Celosear (*whelming*). Es un comportamiento tóxico: gastas energía en alguien que no se la merece. Consiste en subir fotos con otro hombre para dar a entender a tu ex que estás de viaje en un destino exótico o cenando en un restaurante, o intentas que crea que estás conociendo a otros (sea verdad o no) para que piense que tienes una fila de hombres interesados en ti y, de este modo, hacerte la ocupada o la interesante y que se ponga celoso. Esta es una táctica muy autodestructiva, te puede salir el tiro por la culata. Intentar despertar celos en un hombre puede provocar el efecto contrario y que salga por patas porque no se fíe de ti.

Desaparecer a lo fantasma (*ghosting*). Sería como el antiguo «Se fue a por tabaco y no volvió» o «Se fue sin avisar», la famosa despedida a la francesa. Acabar a lo *ghosting* es muy cruel: puedes pensar que le ha pasado algo malo y que por eso no te contesta. Te deja la horrible sensación de que no te mereces ni una despedida. Si alguien te lo ha hecho, bloquéalo.

Efecto Tarzán o síndrome de la liana. Se produce sobre todo entre los hombres. Es la relación de rebote o transición: alguien deja a su pareja o le dejan y, en menos de un mes, ya tienen una nueva conquista en su vida. No quiere pasar el duelo solo y busca a una persona que se convierta en su paño de lágrimas, la tirita para curar la herida que le ha provocado la anterior. A veces es infiel con esa tercera persona antes de romper. Dice la ciencia que, al principio de una ruptura, los hombres están bien, pero después se encuentran peor. En cambio, a las mujeres les sucede lo contrario: primero lo pasan fatal y están solas un tiempo, pero luego se encuentran mucho mejor.

Envío de mensajes sexualizados (*sexting*). Este término inglés está formado por *sex*, «sexo», y *texting*, «texto». Se da cuando uno de los dos envía vídeos, fotos o contenido erótico y sexual. Por seguridad, no lo hagas nunca.

Estalqueo acosador (*stalking* o *haunting*). Se da cuando una persona se obsesiona por otra, la vigila por las redes o la acosa en la vida real. Es un delito. Si eres víctima de un *stalker* o acosador digital, denúncialo en la Unidad de Delitos Cibernéticos de la Policía: ve a comisaría o expón tu caso desde la app AlertCops, la aplicación española de la Policía y la Guardia Civil.

Excusas ambiguas (*curving* o *drytexting*). Se produce cuando alguien que te mola te rechaza de forma poco clara, o sea, no te dice que ya no quiere nada contigo. Te pide una cita, pero la cancela en el último momento. Te pone excusas baratas para no verte. Si sufres *curving*, te generará ansiedad, tristeza y confusión, ya que parece un sí, pero es un no. Si le propones un plan, se excusará diciéndote que va liadísimo en el curro o se inventará una situación dramática para posponerlo. Tenlo claro: te tiene ahí por ego, no te quiere.

Idealización peliculoide (*birdboxing* o *delusionship*). Se da cuando te pones una venda en los ojos e idealizas a la persona que estás conociendo. Desde el primer día, construyes castillos en el aire: crees que os casaréis y que tendréis cinco hijos. ¡Si lo acabas de conocer! Pregúntate cómo ha sido desde que lo conociste; así será hasta que acabes con él… ¡Más de la misma basura!

Llamada caliente (*booty calls* o *roster*). El primer concepto proviene de *booty*, «botín», y *calls*, «llamadas». El segundo, *roster*, significa «lista de contactos». Se refiere a cuando alguien va caliente y tira de su «chorbiagenda» para ver si hay alguien disponible y tener un «pinchito» porque no ha pillado en la disco. Antes de llamar, suele mandar un wasap a las tantas de la madrugada.

Luz de gas (*gaslighting*). Es una técnica de manipulación emocional muy grave: tu pareja o ligue te hace sentir que estás loca o que ves fantasmas y te crea la llamada «disonancia cognitiva», una terrible confusión psicológica entre lo que piensas y lo que sientes. Por ejemplo, te dice que te quiere, pero vuelve a casa con la camisa manchada de pintalabios. Sospechas que lleva tiempo siéndote infiel, pero, cuando se lo preguntas, te suelta que estás loca. Al final, acabas pensando que el problema es tuyo, que eres muy insegura y que será mejor que te calles. Lo que ves y sientes nunca coincide con lo que él te dice. De este modo, te manipula para seguir haciendo lo que quiere contigo. Si tienes esa sensación, quizá seas víctima de la luz de gas.

Migas de pan (*breadcrumbing*). Se da cuando tu pareja o ligue cada día te da menos: te envía señales mínimas para demostrarte que está ahí, pero nada más. También lo llamo «operación goteo»: cada cierto tiempo, te caen gotitas de atención. Suele indicar que la relación está llegando a su fin o que él solo quiere quedar para sexo puntual, pero no necesita saber de ti el resto del tiempo. Hace el mínimo trabajo de mantenimiento. No se debería permitir.

Muerte lenta (*banksying*). El término se popularizó en 2018, cuando se subastó y autodestruyó la obra de Banksy *Niña con globo*. Fue un acontecimiento tan famoso que su apellido se llevó a las relaciones: es cuando tu pareja sabe que te va a dejar porque se está desenamorando, tú lo notas raro, se lo dices y él te asegura que no pasa nada. Es una técnica cruel, ya que tienes derecho a saber qué está pasando, para ver si se puede arreglar o poner fin a la relación.

Ocultación social (*pocketing* o *stashing*). Se refiere a una situación en que la persona con la que quedas te oculta o invisibiliza. Por ejemplo, seáis o no pareja, no te presenta a nadie de su entorno (amigos, familia o compañeros de trabajo). ¡Como si no existieras! Tampoco te etiqueta ni sube fotos contigo a sus redes.

Es muy tóxico, porque te hace sentir que se avergüenza de ti o que solo te quiere para el sexo. A veces lo hacen porque tienen pareja (la que conoce su entorno social) o una doble vida con otras amantes.

Orbitamiento (*orbiting*). Se da cuando tu ex o tu ligue orbita alrededor de tus redes: ve algunas o casi todas tus historias, te da algún mísero «me gusta», pero no te habla por WhatsApp, ni te llama, ni queda contigo. Además, te hace un lamentable trabajo de mantenimiento, te tiene por si algún día quiere quedar. Por favor, no te hagas falsas esperanzas, te mereces más que un mísero like.

Perfil falso online (*catfishing*). En 2010 se hizo muy famoso el documental *Catfish*, en el que se veía a estafadores del amor que se creaban perfiles falsos usando las fotos de otras personas para engañar, acosar, humillar, enamorar o sacar dinero a sus víctimas. Crean falsas esperanzas, pero nunca llegan a quedar con ellas. Por ejemplo, muchos depredadores sexuales se hacen pasar por jovencitos atractivos para conseguir víctimas menores a través de internet.

Perfil maquillado (*kittenfishing*). El término inglés está formado por las palabras *kitten*, «gatitos», y *fishing*, «pescar». Se produce cuando alguien se hace pasar por un hombre encantador y adorable, maquilla su perfil y, con el tiempo, te das cuenta de que está casado, tiene pareja o le pillas cualquier otra mentira (por ejemplo, respecto a su edad, su altura o sus hijos). Tienes derecho a la información real para saber dónde te metes. Con el tiempo y cuando ya estás pillada, ¡descubres el pastel!

Piropos envenenados (*negging*). Se da cuando parece que alguien te está halagando, pero, en el fondo, hay una crítica o burla hacia ti. Es una técnica pasivo-agresiva muy difícil de combatir: si se lo recriminas, te ridiculizará diciéndote que no tienes sentido del humor e invalidará tus sentimientos. Por ejemplo, te suelta: «Qué guapa estás para tu edad» o «De cara eres bonita, aunque te vendrá bien ir al gimnasio». Suena a piropo, pero te está insultando.

Plantón y bloqueo (*cloaking*). Esta palabra inglesa significa «encubrimiento». Se refiere a cuando quedas con alguien y el tipo no se presenta. Por ejemplo, tienes una primera cita, estás esperando en el restaurante, no te avisa de que no puede acudir y, cuando le escribes para preguntarle si está llegando, te das cuenta de que te ha bloqueado. ¡Qué falta de respeto!

Ruptura radical (*caspering*). El término viene de la película *Casper*, nombre del fantasma que la protagonizaba. En este caso, tu pareja o ligue te explica que no quiere nada más contigo, rompe la relación y desaparece para siempre. No vuelves a saber de él. Es más sano que el *ghosting* porque, al menos, te explica por qué rompe, se despide de ti y te dice que se ha acabado. ¡Los tiempos que corren están tan mal que casi hay que agradecer que te dejen a lo *caspering*!

Zombi resucitado (*zombing* o *zombieing*). Como su nombre indica, después de desaparecer y marcarse un *ghosting* como la catedral de Burgos, el zombi vuelve como si nada hubiera pasado. Da señales de vida con un mísero mensaje de tanteo —«Hola, qué tal»— y ni siquiera te llama por tu nombre. Solo quiere averiguar tu nivel de cabreo. Así que pasa del fantasma resucitado como de comer popó. El zombi reaparece para volver a largarse de tu vida, y el bucle puede ser eterno. Este parásito emocional tendría que estar más que bloqueado. A una persona que ni siquiera ha tenido la delicadeza de explicarte que se ha acabado la relación no deberías readmitirla en tu vida.

Zorrear teniendo pareja (*cookie-jarring* o *cushioning*). El primer término está compuesto por *cookie*, «galleta», y *jar*, «tarro» o «bote». Se da cuando tienes pareja y metes «más galletas en el bote» para luego, en cuanto puedas, comértelas. Si alguien tiene complejo de monstruo de las galletas, que se lo haga mirar, *please*. A pesar de tener pareja, ligan por las redes o donde sea: las siguen, les dan likes y no suelen contar que tienen pareja.

Deberías identificar si alguien de tu presente o de tu pasado ha usado o usa alguna de estas técnicas contigo. Es fundamental que te des cuenta si quieres hacer un buen proceso de selección de pareja.

AGRADECIMIENTOS

Siempre empiezo dando las gracias a mis raíces, el origen de mi vida: mis padres, Germán y Tere, las personas más buenas y generosas que conozco. Lleváis juntos casi cincuenta años y os queréis como el primer día. ¡Sois mi ejemplo de pareja y mi inspiración diaria!

A mi gemela, Marta: eres una mujer terremoto, divertida y con una filosofía de vida maravillosa. No sé qué haría sin ti. Hemos vivido tantas cosas juntas que daría para otro libro.

A mi hermano Jorge, mi Cuko: eres la luz de mi vida, y te siento muy cerca, a pesar de que ahora vivas en San Francisco. Gracias por apoyarme en cada proyecto y por las videollamadas para ver qué título le ponía a este. Aunque mides casi dos metros, sigues siendo mi pequeño bebé.

A mi familia gallega y ¡los míticos viajes juntos de Nochevieja! Tía Conchi, eres mi mayor fan incondicional: ves todas mis intervenciones en la tele, lees todos mis artículos, eres un apoyo ilimitado de amor y fuerza, y, encima, eres mi madrina. Y a ti, Pepe, mi padrino, porque eres increíble. Gracias, Sabela y José, mi Panuchi: aunque vivís en México, os siento muy cerca. Sois adorables. Infinitas gracias por vuestro amor y apoyo a lo largo de mi vida profesional. Familia, sois la suerte de mi vida.

A Pedro, por tu ayuda y apoyo incondicional. Eres hogar y paz.

Por supuesto, muchas gracias a Javier Urra, ejemplo de mentor y padrino de *Adicta a un gilipollas*. Siempre guardaré en mi corazón lo bien que lo pasamos en San Sebastián cada año, dando clases en la facultad durante los cursos de verano. No sé qué haría sin ti y sin nuestras conversaciones en Milford, delante de la bandera.

A mi pirado chiflado, eres tan maravilloso que me has robado el corazón. Fuimos *impossible love*, pero siempre estamos conectados. En la siguiente vida seguirás dándome guerra. Eres un guerrero incansable contra cualquier batalla y montaña, por muy alta que se ponga. Misión Everest juntos. Tq infinito.

A Félix. Me debes el método Colombia, te pediré *royalties*. Me has acompañado durante tantos años… ¡Qué aventuras!

A Lucía, madrina de *Adicta a un gilipollas.* Te adoro.

A Jesús, el catedrático de la ingeniería que estudié. Desde mis dieciocho años, mantenemos conversaciones sobre agujeros negros, números primos y mundo ingeniería.

A mi Fer, mi compañero de aventuras, de vida y editoriales, la primera persona que leyó mi libro, mi confidente absoluto.

Y a Alba, la maravillosa editora que apostó por mí. Gracias por buscarme, encontrarme y animarme a escribir.

A mi Doc, por decirme que hay dos tipos de pesca, la selectiva y la de arrastre. Qué risas contigo.

A mi San, mi muso genio, el primer gilipollas fugitivo que conocí con dieciocho años y seguimos siendo grandes amigos.

A mi equipo. Mirian, Nuria y Patri, sois increíbles. También tú, Esther.

A toda mi familia de Asturias y Salamanca: Rosi, Jaime, Javi, Iván y familia.

A todas mis amigas, sois lo más.

A Juliana, sus padres y Celia, y a sus tres hijos (mis sobrinos) y a su madre. Sois mi debilidad.

A todos los amigos que tengo repartidos por el mundo: Alejandra y Lu de Nueva York, Mehdi, Ralphi, Vainillo, Rocío Cerecita y Elena. A mi Zaíno, ese potro salvaje indomable. A Bárbara, te adoro. A Víctor, que me hace las mejores fotos. A mi Javi Villaro, un atormentado adorable, ¡ji, ji!

Y a toda la familia de Mindfulsmandangueros, sois unos cachondos.

Gracias a todos. Alimentáis mi corazón cada día.

BIBLIOGRAFÍA

Ainsworth, M. D. S., M. C. Blehar, E. Waters, y S. N. Wall, *Patterns of Attachment: A Psychological Study of the Strange Situation*, Nueva York, Lawrence Erlbaum Associates, 1978.

Aristóteles (n. d.), *Ética a Nicómaco*.

Beck, A. T., *Cognitive Therapy and the Emotional Disorders*, Nueva York, International Universities Press, 1976.

Bowlby, J., *Attachment and Loss: Vol. 1. Attachment*, Nueva York, Basic Books, 1969.

Chapman, G., *The Five Love Languages: How to Express Heartfelt Commitment to Your Mate*, Chicago, Northfield Publishing, 1992.

Ekman, P., *Emotions in the Human Face*, Nueva York, Pergamon Press, 1972.

Ferreiro, L., *Adicta a un gilipollas*, Barcelona, Grijalbo, 2023.

Fisher, H., *Why We Love: The Nature and Chemistry of Romantic Love*, Nueva York, Holt Paperbacks, 2004.

Frankl, V. E., *El hombre en busca de sentido*, Barcelona, Herder Editorial, 2015.

Gottman, J. M., y N. Silver, *The Seven Principles for Making Marriage Work*, Nueva York, Crown Publishers, 1999.

Joost, H., y A. Schulman, *Catfish* [documental], Estados Unidos, Supermarché, 2010.

Loftus, E. F., *The Myth of Repressed Memory: False Memories and Allegations of Sexual Abuse*, Nueva York, St. Martin's Press, 1997.

Meyer, P. J. (n. d.), *La rueda de la vida.*

Oxford University Press, «"Situationship" nombrada como una de las palabras del año», 2023.

Universidad de Alicante y Universidad de Navarra, «Impacto de las faltas de ortografía en aplicaciones de citas», 2021.

«Para viajar lejos no hay mejor nave que un libro».

Emily Dickinson

Gracias por tu lectura de este libro.

En **penguinlibros.club** encontrarás las mejores recomendaciones de lectura.

Únete a nuestra comunidad y viaja con nosotros.

penguinlibros.club